Peter Mayall

O desenvolvimento de novas gerações de chips para aplicações de IA em smartphones

Peter Mayall

O desenvolvimento de novas gerações de chips para aplicações de IA em smartphones

ISBN: 978-3-68904-345-2 (Brochura)
ISBN: 978-3-68904-353-7 (livro eletrónico)

Primeira edição
abril de 2024
Versão 1.0
Impresso na União Europeia
bup@bremenuniversitypress.com
www.bremenuniversitypress.com

Peter Mayall

O desenvolvimento de novas gerações de chips para aplicações de IA em smartphones

Visão geral

Índice

1

CAPACIDADES DE COMPUTAÇÃO PARA ALGORITMOS DE IA   67

A EVOLUÇÃO DOS CHIPS MODERNOS PARA APLICAÇÕES DE IA   87

TENDÊNCIAS E INOVAÇÕES FUTURAS 106

Introdução

O desenvolvimento de novas gerações de chips especificamente para aplicações de IA em smartphones continua a ganhar ritmo. Estes novos chips foram concebidos para otimizar o desempenho e a eficiência das funções de IA nos dispositivos móveis. A sua conceção tem em conta não só a necessidade de efetuar cálculos complexos mais rapidamente, mas também de minimizar o consumo de energia para prolongar a duração da bateria. Estes chips especializados permitem uma gama de funcionalidades avançadas, como o processamento melhorado de imagens, o processamento de linguagem natural e a tradução em tempo real, através do processamento eficiente da aprendizagem automática e das redes neuronais profundas diretamente no dispositivo.

No centro desta inovação está tanto o desenvolvimento da arquitetura dos chips como a utilização de novos materiais e métodos de produção. Estes desenvolvimentos têm como objetivo criar chips que não só são mais rápidos e mais potentes, como também podem ser produzidos em formatos cada vez mais pequenos para caberem no design fino dos smartphones modernos. Ajudam também a melhorar a proteção de dados, uma vez que mais dados podem ser processados diretamente no dispositivo sem terem de ser transferidos para a nuvem.

Estes novos chips para aplicações de IA em smartphones simbolizam um avanço significativo na tecnologia móvel, tornando possível integrar funções avançadas de IA de forma contínua e eficiente na vida quotidiana.

O autor trabalha em investigação e desenvolvimento num grande fabricante de chips.

A evolução das tecnologias de IA

A evolução da inteligência artificial (IA) é um desenvolvimento que se estendeu por várias décadas e que tem atualmente impacto em quase todos os aspectos da sociedade humana. Este desenvolvimento não só mudou a forma como trabalhamos, comunicamos e aprendemos, mas também levanta questões fundamentais sobre ética, privacidade e o futuro do trabalho humano.

Os primórdios da IA remontam à década de 1950, quando o termo "inteligência artificial" foi cunhado pela primeira vez na Conferência de Dartmouth em 1956. Durante esse período, foram desenvolvidos conceitos e algoritmos fundamentais que ainda hoje são relevantes. Esta fase inicial foi caracterizada por um grande otimismo, mas os investigadores depressa se depararam com os limites do desempenho dos computadores e dos algoritmos disponíveis na altura.

Nas décadas que se seguiram, a investigação em IA teve altos e baixos, frequentemente designados por "Invernos da IA", períodos em que o financiamento e o interesse pela IA diminuíram devido a expectativas não satisfeitas. Apesar destes desafios, os investigadores fizeram avanços importantes em áreas específicas, como a

5

tradução automática, o reconhecimento de voz e os sistemas especializados, que codificam os conhecimentos de especialistas num determinado domínio.

Um ponto de viragem decisivo para a IA foi o desenvolvimento de computadores mais potentes e o aparecimento da Internet, que tornou possível a recolha e análise de enormes quantidades de dados. Isto levou ao aparecimento da aprendizagem automática, em particular da aprendizagem profunda, uma técnica baseada em redes neuronais profundas. As redes neuronais são um conceito central da aprendizagem automática e da inteligência artificial, inspirado no funcionamento do cérebro humano. São constituídas por um grande número de unidades simples e interligadas, conhecidas como neurónios artificiais, que processam os dados reconhecendo determinados padrões e características. As ligações entre estes neurónios têm ponderações que se adaptam durante o processo de aprendizagem, a fim de realizar tarefas específicas, como o reconhecimento de imagens e de voz, as previsões e a tomada de decisões de forma mais eficiente.

Estes métodos tornaram possível reconhecer padrões complexos nos dados e aprender a realizar tarefas como o reconhecimento de imagens e de voz com um nível de precisão que anteriormente não era possível.

Estes avanços aceleraram a integração da IA na vida quotidiana, desde os assistentes pessoais como a Siri e a Alexa, aos sistemas de recomendação que controlam os conteúdos que vemos em plataformas como a Netflix e o YouTube, até aplicações mais avançadas como os veículos autónomos e a medicina personalizada. A capacidade da IA para analisar rapidamente grandes quantidades de dados também conduziu a avanços em áreas como as finanças, a indústria transformadora e a investigação científica.

No entanto, o impacto da IA na sociedade tem duas faces. Embora tenha o potencial de aumentar a produtividade, criar novos produtos e serviços e fornecer soluções para problemas complexos, existem também preocupações significativas quanto ao impacto no mundo do trabalho, à privacidade e aos aspectos éticos da automatização e da vigilância. O aumento da automatização pode levar a mudanças significativas no mundo do trabalho, com a possibilidade de muitas profissões tradicionais desaparecerem ou mudarem radicalmente.

Do mesmo modo, a utilização da IA em sistemas de vigilância e na tomada de decisões levanta questões de privacidade, parcialidade e transparência. A capacidade de os algoritmos tomarem decisões que podem ter um grande impacto na vida das pessoas sem que os processos subjacentes sejam facilmente compreendidos ou escrutinados conduziu a um debate sobre a necessidade de orientações éticas e de uma maior regulamentação.

Pode dizer-se que a evolução das tecnologias de IA teve um impacto transformador na sociedade, abrindo novas oportunidades, mas também levantando novos desafios e questões sobre a sua aplicação e impacto. O futuro da IA dependerá não só dos avanços tecnológicos, mas também da forma como as sociedades enfrentarem estes desafios

O desenvolvimento e a integração da inteligência artificial em vários aspectos da nossa vida e do nosso trabalho encerram um enorme potencial de transformação. Os sistemas de IA podem muitas vezes executar tarefas mais rapidamente e com maior precisão do que os seres humanos, especialmente em tarefas repetitivas ou com grande volume de dados, levando a um aumento da eficiência e da produtividade. Uma das maiores vantagens da IA reside na sua capacidade de analisar grandes quantidades de dados, reconhecer padrões e tomar decisões informadas, que podem ser aplicadas em áreas como a análise financeira, o diagnóstico médico e a investigação climática.

A IA também permite uma personalização sem precedentes em produtos e serviços, desde a educação e a medicina até ao retalho, e adapta-se às necessidades e preferências específicas dos utilizadores. Além disso, a IA está a impulsionar o desenvolvimento de novas tecnologias e soluções em vários sectores e a melhorar a qualidade de vida através da automatização e de sistemas de assistência inteligentes que facilitam a vida quotidiana e prestam apoio a pessoas com deficiência.

A IA também desempenha um papel crucial na resolução de desafios globais complexos, como as alterações climáticas e a investigação médica, através do desenvolvimento de estratégias eficazes para resolver estes problemas. A IA pode também alargar o acesso à educação e ao conhecimento, criando ambientes de aprendizagem personalizados e ultrapassando as barreiras linguísticas.

Apesar desta perspetiva positiva, a introdução da IA exige uma análise cuidadosa dos desafios e considerações éticas que lhe estão associados. As questões da privacidade, da segurança do emprego e da utilização justa da IA são cruciais para garantir que os benefícios da tecnologia da IA sejam utilizados em benefício de todos e não conduzam a novas formas de desigualdade ou dilemas éticos.

IA: software ou hardware?

O desenvolvimento e o progresso da inteligência artificial são uma interação entre o software e o hardware, com cada componente a desempenhar um papel crucial. Para compreender como é desenvolvida a IA, é importante considerar as funções e os contributos de ambos os aspectos:

Software

O papel do software no desenvolvimento da inteligência artificial é tão central quanto complexo.

O software fornece as ferramentas e os métodos com que os sistemas de IA são concebidos, treinados, testados e aplicados. O desenvolvimento contínuo das tecnologias de software no domínio da IA possibilitou progressos notáveis em vários domínios, desde o processamento automático da fala até à visão artificial e à tomada de decisões.

Sistemas tradicionais e abordagens baseadas em regras

Nos primórdios da inteligência artificial, o desenvolvimento de sistemas baseados em regras, também conhecidos como sistemas periciais, estava no centro das atenções.

Estes sistemas tinham como objetivo simular os processos humanos de tomada de decisão em áreas específicas de especialização, baseando-os num conjunto abrangente de regras cuidadosamente definidas por peritos no domínio. Estas regras constituíam a base para os sistemas analisarem problemas, tirarem conclusões e tomarem decisões de forma semelhante à que um ser humano faria no respetivo domínio.

A principal vantagem dos sistemas periciais era a sua capacidade de preservar e tornar acessíveis os conhecimentos e a experiência de peritos num determinado domínio. Têm sido utilizados numa variedade de domínios, desde a medicina, onde auxiliam nos diagnósticos, até à análise financeira, onde ajudam a avaliar oportunidades de investimento. Os sistemas periciais puderam dar um contributo valioso nestes e noutros casos de utilização, ao escalonar os conhecimentos dos peritos e ao torná-los utilizáveis em situações em que os peritos humanos poderiam não estar disponíveis.

No entanto, apesar do seu sucesso, os sistemas baseados em regras atingiram rapidamente os seus limites. A sua eficácia dependia em grande medida da qualidade, exaustividade e atualidade das regras em que se baseavam. Como estas regras eram definidas por seres humanos, tinham de ser continuamente revistas e actualizadas para acompanharem as novas descobertas e as mudanças no seu domínio de aplicação. Esta necessidade tornava a manutenção dos sistemas periciais trabalhosa e dispendiosa.

Outro problema dos sistemas baseados em regras era a sua falta de flexibilidade e adaptabilidade. Eram excelentes na resolução de problemas claramente definidos dentro do seu conjunto de regras, mas tinham dificuldade em lidar com situações que não se enquadravam neste quadro. Esta limitação limitava a sua aplicabilidade em ambientes complexos ou imprevisíveis, em que os peritos humanos se baseiam frequentemente na intuição e na experiência para tomar decisões.

Com o advento da aprendizagem automática e da aprendizagem profunda, as fronteiras da IA expandiram-se consideravelmente. Estas novas abordagens permitem que os sistemas aprendam e generalizem a partir dos dados, em vez de se basearem em regras predefinidas. Isto permite que os sistemas de IA respondam de forma mais flexível a uma gama mais vasta de problemas e se adaptem melhor às mudanças e às novas informações. No entanto, os sistemas baseados em regras continuam a ser valiosos em certos contextos, especialmente quando

existem regras claras e bem definidas e quando a transparência e a rastreabilidade da tomada de decisões são
cruciais.

Aprendizagem automática e redes neuronais

O desenvolvimento e a disseminação da aprendizagem
automática alteraram e expandiram fundamentalmente
o panorama da inteligência artificial.

Enquanto os sistemas baseados em regras se baseiam
num conjunto fixo de regras definidas por humanos, os
modelos de aprendizagem automática baseiam-se na capacidade de aprender independentemente dos dados.
Estes modelos identificam padrões e relações em grandes conjuntos de dados e melhoram o seu desempenho
ao longo do tempo através da experiência, sem necessidade de programar instruções ou regras explícitas.

- Adaptabilidade e flexibilidade: Uma das maiores
  vantagens da aprendizagem automática é a sua
  adaptabilidade. Os modelos de aprendizagem
  automática podem executar tarefas e resolver
  problemas para os quais não foram explicitamente programados. Esta capacidade permite
  que os sistemas de IA se adaptem dinamicamente a novos dados e a ambientes em mudança,
  tornando-os particularmente valiosos para aplicações em que a mudança e a imprevisibilidade
  são a norma.

- Análise de dados e reconhecimento de padrões: A aprendizagem automática é particularmente poderosa na análise de dados e no reconhecimento de padrões complexos que não são visíveis ao olho humano. Isto é utilizado numa variedade de domínios, desde o diagnóstico médico, onde a aprendizagem automática pode ajudar a reconhecer doenças com base em sinais subtis nos dados de imagiologia, até ao mundo financeiro, onde pode identificar padrões nos dados de mercado que indicam tendências futuras.

- Personalização: Outra área em que a aprendizagem automática está a ter um impacto significativo é a personalização. Quer se trate da adaptação de conteúdos publicitários, da seleção de feeds de notícias nas redes sociais ou da recomendação de produtos no comércio em linha, a aprendizagem automática permite um elevado grau de personalização, aprendendo e prevendo preferências individuais e padrões de comportamento a partir de dados.

- Automação: A aprendizagem automática está também a impulsionar a automação, assumindo tarefas de rotina e apoiando processos de tomada de decisão em áreas como o serviço ao cliente, a gestão da cadeia de abastecimento e até a orientação automatizada de veículos. Esta automatização pode conduzir a ganhos de eficiência significativos e permitir que os humanos se concentrem em tarefas mais complexas e criativas.

13

A qualidade das previsões ou decisões tomadas pelos modelos de aprendizagem automática depende em grande medida da qualidade e da variedade dos dados de formação utilizados. O enviesamento dos dados pode levar a resultados distorcidos ou injustos, o que sublinha a necessidade de colocar as considerações éticas no centro do desenvolvimento dos sistemas de IA.

A revolução desencadeada pela aprendizagem automática no panorama da IA está a acontecer. À medida que continuamos a explorar e a concretizar o potencial desta tecnologia, é crucial navegar cuidadosamente pelos desafios e questões éticas associados para garantir que os benefícios da IA são aproveitados para benefício de todos.

Aprendizagem profunda

A aprendizagem profunda, uma forma especializada e avançada de aprendizagem automática, revolucionou a forma como as máquinas compreendem e interpretam os dados. Ao utilizar redes neuronais profundas, que consistem em muitas camadas de processamento, a aprendizagem profunda pode reconhecer padrões complexos em grandes conjuntos de dados. Esta capacidade de aprender e generalizar a partir de dados conduziu a avanços em muitos domínios e permitiu aplicações que eram consideradas futuristas há apenas alguns anos.

- Reconhecimento de imagens: Um dos exemplos mais marcantes do poder da aprendizagem profunda é o reconhecimento de imagens. Os sistemas modernos de IA podem analisar imagens com uma precisão que é frequentemente comparável à perceção humana. Isto é utilizado numa vasta gama de aplicações, desde a marcação automática nas redes sociais até ao apoio ao diagnóstico em imagiologia médica e ao reconhecimento de objectos em veículos autónomos.

- Reconhecimento e processamento do discurso: A aprendizagem profunda também permitiu avanços significativos no reconhecimento e processamento do discurso. Os assistentes de voz, como a Siri, o Google Assistant e a Alexa, baseiam-se em modelos de aprendizagem profunda que lhes permitem compreender os pedidos falados e responder em linguagem natural. Esta tecnologia também apoia o desenvolvimento de sistemas de tradução em tempo real e de ajudas à comunicação melhoradas para pessoas com deficiências da fala.

- Processamento de linguagem natural (PNL): Para além do reconhecimento puro da fala, a aprendizagem profunda melhorou drasticamente a capacidade dos computadores para reconhecerem e responderem ao significado do texto. Desde chatbots que podem ter conversas realistas a sistemas que analisam e resumem documentos complexos, a PNL transformou a interação homem-máquina.

- Aprendizagem reforçada e tomada de decisões: A aprendizagem profunda está também a impulsionar desenvolvimentos no domínio da aprendizagem por reforço, em que os sistemas de IA aprendem com o seu ambiente através de recompensas e optimizam as suas estratégias para atingir objectivos. Isto conduziu a demonstrações impressionantes em jogos como o Go e o xadrez, em que os sistemas de IA derrotaram campeões humanos, mas também tem aplicações práticas na robótica e no controlo automatizado de sistemas.

Apesar destes progressos impressionantes, a aprendizagem profunda também apresenta desafios. A tecnologia requer grandes quantidades de dados de treino e uma capacidade de computação significativa, o que levanta questões de sustentabilidade e acesso. Além disso, quando treinados com dados enviesados, os modelos de aprendizagem profunda podem reproduzir esses enviesamentos nas suas previsões e decisões, o que sublinha a necessidade de uma análise e de um ajustamento cuidadosos dos dados de treino.

Ferramentas e bibliotecas de software

O desenvolvimento e o rápido progresso da inteligência artificial estão estreitamente ligados ao aparecimento e ao desenvolvimento de ferramentas e bibliotecas de software especializadas. Estas ferramentas constituem a espinha dorsal da investigação e aplicação da IA moderna, fornecendo algoritmos complexos e estruturas de dados necessárias para a aprendizagem automática e a aprendizagem profunda. Entre as mais proeminentes contam-se o TensorFlow, o PyTorch e o Keras, cada um com os seus próprios pontos fortes e comunidades.

- O TensorFlow, desenvolvido pela Google, é uma das bibliotecas mais utilizadas para a aprendizagem automática. Fornece uma plataforma abrangente e flexível para a conceção, formação e implementação de modelos de IA e é utilizada tanto na investigação como na indústria para uma variedade de aplicações. O TensorFlow caracteriza-se pela sua escalabilidade, permitindo que os modelos sejam treinados de forma eficiente a partir de CPUs individuais para grandes clusters de GPUs e TPUs.

- O PyTorch, originalmente desenvolvido pelo Facebook, ganhou um grande número de seguidores devido à sua facilidade de utilização e flexibilidade, especialmente no desenvolvimento de modelos de aprendizagem profunda. O PyTorch fornece um sistema gráfico computacional dinâmico que permite aos programadores fazer alterações à arquitetura e aos algoritmos em tempo real, facilitando a experimentação e a criação de protótipos.

- O Keras é outra popular API de redes neuronais de alto nível que foi originalmente iniciada como um projeto independente e está agora fortemente

17

integrada no TensorFlow. O Keras caracteriza-se pela sua simplicidade e facilidade de utilização, o que o torna particularmente atrativo para os principiantes no domínio da aprendizagem automática. Permite uma prototipagem rápida e fácil e suporta tanto redes convolucionais como redes recorrentes.

Estas ferramentas e bibliotecas estão constantemente a ser desenvolvidas com o objetivo de aumentar a eficiência, facilitar o acesso e permitir a criação de sistemas de IA mais complexos e poderosos. As comunidades que estão por detrás destes projectos desempenham um papel crucial ao darem contribuições contínuas, desde a correção de erros até ao desenvolvimento de novas funcionalidades e melhorias. Esta abordagem colectiva ajuda a garantir que as ferramentas conseguem acompanhar a rápida evolução das necessidades da investigação e aplicação da IA.

Além disso, a disponibilidade de extensos conjuntos de dados e a melhoria das capacidades de hardware, em particular a disponibilidade de potentes GPU, aceleraram ainda mais o desenvolvimento e o treino de modelos sofisticados de IA. A combinação de ferramentas de software avançadas, dados extensos e hardware potente constitui a base dos sucessos actuais e futuros no domínio da inteligência artificial. A acessibilidade destes recursos está a democratizar cada vez mais a investigação e o desenvolvimento da IA, abrindo a porta à inovação em grande escala, com potencial para transformar quase todos os aspectos da sociedade.

A dinâmica no desenvolvimento de software para IA reflecte o rápido progresso e as amplas possibilidades de aplicação da inteligência artificial. Com cada avanço na tecnologia de software, os limites do que é possível com a IA estão a expandir-se, abrindo novas formas de resolver problemas complexos e desenvolvendo soluções inovadoras em várias áreas.

Hardware

O hardware desempenha um papel tão decisivo na evolução e aplicação da inteligência artificial como o software.

Os requisitos específicos de potência de computação e de memória dos modelos de IA levaram ao desenvolvimento de hardware especializado concebido para maximizar a eficiência e a eficácia das aplicações de IA.

GPUs e o seu papel na IA

As unidades de processamento gráfico (GPU) foram uma das primeiras inovações de hardware a acelerar a investigação e o desenvolvimento da IA.

Originalmente concebidas para o processamento de aplicações gráficas, verificou-se que as GPUs também podem efetuar cálculos paralelos de forma muito eficiente, o que as torna ideais para o treino de modelos de

IA. Devido à sua capacidade de processar milhares de threads em simultâneo, as GPUs podem efetuar cálculos matemáticos complexos necessários para o treino de redes neuronais muito mais rapidamente do que as CPUs convencionais.

TPUs e a sua especialização em IA

As unidades de processamento de tensores (TPU) são outra inovação significativa no hardware de IA. Desenvolvidas pela Google especificamente para tarefas de aprendizagem profunda, as TPU são optimizadas para processar eficientemente os cálculos específicos utilizados nas redes neuronais. As TPU oferecem uma eficiência ainda maior na formação e inferência de modelos de IA, especialmente para aplicações que requerem um elevado poder de computação, como o reconhecimento de voz e imagem.

FPGAs e sua flexibilidade

Os FPGAs (Field-Programmable Gate Arrays) oferecem uma solução de hardware flexível que pode ser programada para aplicações específicas, incluindo a IA. A sua reconfigurabilidade torna os FPGAs particularmente valiosos para aplicações de IA personalizadas e para situações em que o hardware precisa de ser adaptado a novos algoritmos ou modelos. Embora nem sempre ofereçam o mesmo desempenho bruto que as GPUs ou TPUs, a sua capacidade de personalização permite-lhes ser utilizadas em aplicações de IA diversas e em rápida evolução.

Importância do desenvolvimento de hardware

O desenvolvimento de hardware específico de IA é crucial para alargar os limites do que é possível com a IA. Com cada geração de hardware, a velocidade, a eficiência energética e a capacidade de treinar e executar modelos complexos de IA melhoram. Estes avanços permitem aos investigadores e programadores criar aplicações de IA mais inovadoras e poderosas que anteriormente eram impossíveis devido a limitações de hardware.

No futuro, o desenvolvimento de hardware continuará a desempenhar um papel fundamental, constituindo a base para a próxima geração de sistemas de IA. A investigação centrar-se-á não só no aumento da capacidade de computação, mas também na redução do consumo de energia e na minimização da latência, a fim de aumentar a eficiência e a acessibilidade das tecnologias de IA a uma gama mais vasta de aplicações e utilizadores.

Interação entre software e hardware

A simbiose entre software e hardware é a base sobre a qual assenta o progresso da inteligência artificial. Esta interação dinâmica não só determina os limites do que é atualmente possível, como também impulsiona a inovação e os avanços na investigação e aplicação da IA.

21

Inovação em hardware impulsionada pelo software

Os desenvolvimentos no software de IA, como os algoritmos avançados e os modelos de aprendizagem automática, estão constantemente a colocar novas exigências em termos de potência e eficiência computacionais. Por exemplo, os modelos de aprendizagem profunda, especialmente os que são treinados em conjuntos de dados muito grandes, exigem enormes quantidades de potência de computação e memória. Os limites do hardware existente representam, por conseguinte, um desafio direto para a realização e o dimensionamento desses modelos. Isto, por sua vez, estimula o desenvolvimento de novas soluções de hardware especificamente concebidas para os requisitos do software de IA, como as GPU, TPU e FPGA, que permitem cálculos mais eficientes e, assim, viabilizam a realização de projectos de IA mais complexos.

As inovações de hardware inspiram o desenvolvimento de software

Por outro lado, os avanços no hardware abrem novas possibilidades para o desenvolvimento de software. Ao aumentar a potência e a eficiência da computação disponível, os criadores de software podem conceber modelos e algoritmos mais complexos que anteriormente eram impossíveis de realizar. Isto conduz a saltos qualitativos no desempenho das aplicações de IA, por exemplo, na precisão dos sistemas de reconhecimento de voz e imagem. A disponibilidade de hardware mais potente e especializado também incentiva os investigadores a adotar abordagens inovadoras na investigação em IA que vão além dos métodos tradicionais.

A necessidade de harmonização

A coordenação óptima entre o software e o hardware é crucial para maximizar a eficiência e o desempenho dos sistemas de IA.

Os programadores devem ter em conta não só as capacidades e limitações específicas do hardware disponível, mas também a forma como os seus projectos de software o utilizam. Por outro lado, os engenheiros de hardware têm de compreender o que os modelos actuais e futuros de IA exigem da arquitetura informática, a fim de conceber dispositivos que satisfaçam eficazmente essas necessidades.

Desenvolvimento orientado para o futuro

A evolução contínua do software e do hardware de IA exige um planeamento orientado para o futuro e a colaboração entre as áreas. Os esforços de investigação e desenvolvimento devem não só ter em conta os requisitos actuais, mas também antecipar a forma como as tecnologias de IA poderão evoluir. Isto inclui trabalhar em novas arquitecturas que ofereçam ainda maior capacidade e eficiência de computação, bem como desenvolver estruturas de software que possam tirar o máximo partido destes avanços.

23

De um modo geral, a interação entre o software e o hardware de IA é um motor essencial do progresso da inteligência artificial. A capacidade de integrar harmoniosamente e desenvolver continuamente estes dois componentes continuará a ser crucial para alargar os limites do que é possível na IA e encontrar soluções inovadoras para desafios complexos.

Na prática, isto significa que os avanços na IA não são alcançados isoladamente pelo software ou pelo hardware. Pelo contrário, trata-se de um desenvolvimento sinérgico em que as melhorias na tecnologia do software definem os requisitos do hardware e as inovações no hardware abrem novas possibilidades para a investigação e aplicação do software.

O papel dos chips modernos no desenvolvimento da IA

Os chips modernos desempenham um papel central no desenvolvimento e na utilização da inteligência artificial. Estes processadores especializados, incluindo as unidades de processamento gráfico (GPU), as unidades de processamento tensorial (TPU) e as matrizes de portas programáveis em campo (FPGA), são fundamentais para os avanços da IA, fornecendo a potência e a eficiência computacionais necessárias para treinar e executar algoritmos e modelos complexos. O papel destes chips modernos pode ser concretizado em vários domínios fundamentais:

Acelerar a formação de modelos de IA

A formação de modelos de IA, em especial de modelos de aprendizagem profunda, exige, de facto, uma enorme capacidade de computação, uma vez que envolve a otimização de milhões ou mesmo milhares de milhões de parâmetros. Este desafio levou ao desenvolvimento e utilização de hardware especializado capaz de efetuar eficientemente os cálculos paralelos maciços necessários. As GPU (unidades de processamento gráfico) e as TPU (unidades de processamento tensorial) são exemplos desses chips especializados que desempenham um papel crucial na aceleração do processo de formação.

As GPUs foram originalmente desenvolvidas para tarefas de processamento gráfico e de vídeo, mas a sua capacidade de efetuar cálculos paralelos torna-as ideais para treinar modelos de IA. Em comparação com as CPUs, que têm um número limitado de núcleos e executam tarefas sequencialmente, as GPUs têm centenas ou milhares de núcleos mais pequenos que lhes permitem efetuar muitos cálculos em simultâneo. Esta caraterística é particularmente vantajosa para o treino de modelos de aprendizagem profunda, em que é necessário efetuar um grande número de operações nos dados em simultâneo.

As TPU, desenvolvidas pela Google, estão ainda mais especificamente orientadas para as tarefas de IA. São especialmente optimizadas para realizar as operações tensoriais típicas da aprendizagem profunda com elevada eficiência. As TPUs oferecem uma especialização ainda maior do que as GPUs e são capazes de efetuar o treino e a inferência de modelos de IA com uma velocidade e uma eficiência energética impressionantes. Devido à sua arquitetura, as TPUs podem processar grandes quantidades de multiplicações de matrizes e outras operações tensoriais que são comuns na aprendizagem profunda de forma muito eficiente.

A utilização de GPUs e TPUs melhorou drasticamente a viabilidade e a velocidade do treino de modelos de IA. Enquanto o treino de modelos complexos em CPUs pode demorar dias ou mesmo semanas, as GPUs e TPUs permitem acelerar significativamente este processo, muitas vezes para horas ou dias. Esta aceleração é crucial para a investigação e desenvolvimento em IA, uma vez que permite realizar experiências mais rapidamente, melhorar iterativamente os modelos e explorar novas arquitecturas e algoritmos numa fração do tempo anteriormente necessário.

Além disso, a disponibilidade destes poderosos recursos de computação impulsionou a acessibilidade e a democratização da investigação em IA. Os serviços baseados na nuvem fornecem acesso a GPUs e TPUs a investigadores e programadores de todo o mundo, reduzindo as barreiras à entrada na investigação em IA e incentivando uma maior participação e inovação.

Permitir modelos mais complexos

O aumento da capacidade de computação proporcionado pelos chips modernos, como as GPU e as TPU, tem um efeito transformador no domínio da inteligência artificial.

Estes processadores especializados permitem o desenvolvimento de modelos de IA mais complexos e aprofundados, capazes de reconhecer padrões mais finos nos dados e fazer previsões ou análises mais precisas. A importância destes avanços tecnológicos pode ser vista particularmente bem em avanços em áreas como o processamento da fala e o reconhecimento de imagens.

A emergência de modelos linguísticos sofisticados que podem gerar textos semelhantes aos humanos, responder a perguntas complexas e comunicar em linguagem natural baseia-se na capacidade de processar e aprender com enormes conjuntos de dados. Isto não seria possível sem a capacidade de processamento paralelo e a velocidade oferecida pelos chips modernos. Do mesmo modo, no reconhecimento de imagens, os modelos de aprendizagem profunda melhoraram significativamente a precisão e a capacidade de interpretar imagens, desde o diagnóstico médico à navegação autónoma de veículos. O poder de computação subjacente permite analisar rapidamente milhões de imagens para treinar modelos capazes de lidar com tarefas visuais complexas.

Embora a potência dos chips modernos tenha permitido muitos dos actuais avanços na IA, também implica a necessidade de desenvolver algoritmos mais eficientes e minimizar o consumo de energia. Equilibrar a capacidade de computação necessária para modelos avançados de IA com a sustentabilidade destes processos é um desafio permanente.

O futuro da IA dependerá em grande medida de novas melhorias na tecnologia de hardware. A investigação sobre novas arquitecturas de chips e tecnologias de poupança de energia é crucial para permitir a próxima vaga de inovação da IA, minimizando simultaneamente o impacto ambiental. A colaboração entre os domínios do desenvolvimento de hardware e da investigação em IA continua a ser um motor essencial do progresso que tem o potencial de transformar quase todos os aspectos das nossas vidas.

Melhorar a eficiência e reduzir os custos

Os chips modernos, frequentemente designados por aceleradores de IA, são especificamente concebidos para tornar mais eficientes os cálculos extensos e complexos necessários para a formação e o funcionamento dos modelos de IA. A otimização para estas tarefas específicas permite um aumento sustentável da velocidade dos processos de formação e inferência de IA, o que, por sua vez, encurta os ciclos de desenvolvimento de soluções baseadas em IA.

Uma caraterística fundamental destes chips é a sua capacidade de poupar energia. Ao efectuarem cálculos mais rapidamente e com menor consumo de energia, ajudam a reduzir os custos de funcionamento dos sistemas de IA. Este ganho de eficiência é particularmente importante, uma vez que o treino de modelos de IA, especialmente de redes neuronais profundas, é extremamente intensivo em termos de computação e pode consumir quantidades significativas de energia eléctrica. Ao reduzir as necessidades energéticas, as tecnologias de IA tornam-se não só mais respeitadoras do ambiente, mas também mais atractivas do ponto de vista económico.

Além disso, os avanços na tecnologia dos chips estão a ter um efeito democratizante na investigação e desenvolvimento da IA. Ao reduzir o custo da formação e do funcionamento dos sistemas de IA, abrem a porta a um leque mais vasto de intervenientes. Organizações de investigação, empresas e programadores com diferentes orçamentos poderão aceder e utilizar tecnologias de IA de elevada qualidade. Este é um passo importante para aumentar a inovação e promover a utilização da IA em vários domínios.

Outro aspeto apoiado pelos chips especializados é a capacidade de desenvolver soluções personalizadas. Ao personalizar o hardware para tarefas específicas de IA, os programadores e investigadores podem criar modelos de IA adaptados aos requisitos específicos dos seus projectos ou produtos. Isto leva a um melhor desempenho e eficiência que podem não ser alcançados com recursos de computação mais generalizados.

Promoção de aplicações em tempo real

A capacidade de tomar decisões em tempo real é um aspeto fundamental de muitas aplicações modernas de IA e está a impulsionar a necessidade de hardware especializado.

Em áreas como os veículos autónomos, a tradução de línguas em tempo real e os sistemas interactivos de IA, o processamento e a análise rápidos dos dados não só são desejáveis, como absolutamente críticos para a funcionalidade e a segurança da tecnologia. O desenvolvimento de chips modernos adaptados a estes requisitos desempenha, por conseguinte, um papel fundamental na realização de tais aplicações avançadas de IA.

Os veículos autónomos, por exemplo, devem ser capazes de interpretar o ambiente que os rodeia em milésimos de segundo para tomar decisões sobre a navegação, os ajustes de velocidade e as manobras evasivas. A complexidade dos dados a processar, desde as imagens das câmaras aos sinais de radar e lidar, exige um enorme poder de computação. Os chips modernos permitem analisar e implementar estes dados em tempo real, sendo especialmente optimizados para o processamento paralelo de grandes volumes de dados. Esta capacidade é crucial para garantir a segurança e a eficiência dos veículos autónomos.

Na tradução de línguas em tempo real, os chips modernos permitem traduzir a língua falada para outra língua quase instantaneamente. Isto requer não só um processamento rápido dos sinais acústicos, mas também a sua análise através de modelos linguísticos complexos, de modo a captar corretamente o contexto e o significado. A eficiência dos chips modernos no processamento destas tarefas torna possível ultrapassar as barreiras linguísticas em tempo real, simplificando a comunicação num mundo globalizado.

Os sistemas de IA interactivos, como os utilizados em assistentes virtuais ou em experiências de entretenimento interativo, também beneficiam do processamento rápido de dados. A capacidade de processar e responder imediatamente ao input do utilizador torna a interação com esses sistemas natural e intuitiva. Os chips modernos ajudam a garantir que estes sistemas sejam não só rápidos, mas também capazes de utilizar modelos linguísticos complexos ou padrões comportamentais em tempo real para gerar respostas relevantes e contextuais.

Os chips especializados são, portanto, mais do que uma mera conquista técnica; são facilitadores de uma variedade de aplicações que tornam as nossas vidas mais seguras, mais fáceis e mais interligadas. A sua capacidade de processar dados de forma eficiente em tempo real torna-os indispensáveis para a implementação e o bom funcionamento de tecnologias que dependem da tomada rápida de decisões. Estes chips são um elemento essencial na infraestrutura das aplicações modernas de IA, permitindo soluções inovadoras e impulsionando o progresso tecnológico.

Personalização de acordo com requisitos específicos

A flexibilidade e a possibilidade de personalização dos chips modernos, como os FPGA (field-programmable gate arrays), representam um avanço significativo no mundo do hardware, nomeadamente no contexto das aplicações de IA. Os FPGAs são concebidos de modo a poderem ser programados para aplicações ou tarefas específicas pelo utilizador final ou pelo programador após o fabrico. Esta caraterística distingue-os dos processadores convencionais e dos chips especializados em IA, que têm uma arquitetura e uma funcionalidade fixas. A capacidade de personalizar o hardware de acordo com necessidades específicas faz dos FPGAs uma ferramenta poderosa para o desenvolvimento e implementação de aplicações de IA.

Uma das principais vantagens das FPGAs é a sua capacidade de serem optimizadas para uma variedade de tarefas de IA, incluindo, mas não se limitando a, processamento de imagem e fala, reconhecimento de padrões e análise de dados. Ao contrário das CPUs (Unidades Centrais de Processamento) e GPUs (Unidades de Processamento Gráfico) tradicionais, que estão orientadas para áreas de aplicação mais vastas, as FPGAs podem ser configuradas para suportar de forma óptima os padrões e eficiências computacionais específicos necessários para uma determinada aplicação de IA. Isto pode levar a um desempenho e a uma eficiência energética significativamente superiores, especialmente em cenários em que o processamento em tempo real e a análise rápida de dados são cruciais.

A configurabilidade dos FPGAs também oferece uma flexibilidade notável em termos de atualização e personalização dos sistemas de IA. Os programadores podem alterar a lógica dos chips FPGA para implementar novos algoritmos ou otimizar o desempenho das aplicações existentes sem terem de substituir o hardware físico. Esta adaptabilidade é particularmente valiosa num domínio que está a evoluir tão rapidamente como a IA, uma vez que permite aos programadores acompanhar os novos resultados ou requisitos da investigação sem terem de fazer investimentos significativos em novo hardware.

Além disso, os FPGAs oferecem uma solução para implementar aplicações de IA em ambientes onde o consumo de energia é um fator crítico. Ao otimizar o hardware para tarefas específicas, os FPGAs podem funcionar de forma mais eficiente do que os processadores gerais, o que os torna ideais para utilização em dispositivos móveis, sistemas incorporados e outros cenários em que a eficiência energética é fundamental.

O futuro dos chips de IA

O desenvolvimento e a inovação contínuos no domínio dos chips de IA são factores fundamentais que estão a moldar o futuro da inteligência artificial.

Esta dinâmica é de importância fundamental, uma vez que as exigências dos sistemas de IA estão a aumentar constantemente, tanto em termos de capacidade de computação como de eficiência. Grupos de investigação e empresas de todo o mundo estão envolvidos numa corrida contínua para desenvolver a próxima geração de processadores que ultrapassem os limites de desempenho das tecnologias existentes. O objetivo é criar chips que sejam mais rápidos, mais eficientes em termos energéticos e que ofereçam funções especializadas para novas aplicações de IA. Estes esforços não são apenas desafios tecnológicos, mas também essenciais para explorar plenamente o potencial da IA e abrir novos domínios de aplicação.

Um dos principais pontos focais é a aceleração dos cálculos de IA. À medida que os modelos de IA, especialmente no domínio da aprendizagem automática e das redes neuronais profundas, se tornam cada vez mais complexos, exigem um poder de computação significativo. O desenvolvimento de chips que possam efetuar estes cálculos mais rapidamente é crucial para reduzir os tempos de formação e permitir a inferência em tempo real. Isto tem um impacto direto na eficiência e aplicabilidade da IA no mundo real, desde o processamento de linguagem natural ao reconhecimento visual.

A eficiência energética é outro domínio crítico. Como as aplicações de IA são cada vez mais utilizadas em dispositivos móveis e na periferia (ou seja, diretamente na fonte de dados), é importante minimizar o consumo de energia para prolongar a duração da bateria e melhorar a sustentabilidade. Os avanços na tecnologia de chips que conduzem a uma maior eficiência energética são, por conseguinte, de grande importância. Isto inclui não só a otimização do hardware para cálculos específicos de IA, mas também o desenvolvimento de novas arquitecturas que minimizem o consumo de energia e a geração de calor.

Além disso, as aplicações emergentes de IA exigem funções especializadas que não podem ser tratadas de forma eficiente por processadores genéricos. Este facto levou ao desenvolvimento de chips personalizados, como FPGAs para configurações flexíveis ou ASICs (Application-Specific Integrated Circuits) para tarefas altamente especializadas. Esta especialização permite desenvolver soluções à medida para desafios específicos, desde a melhoria do reconhecimento da fala até à aceleração da sequenciação do genoma.

Os efeitos destes avanços tecnológicos são de grande alcance e estendem-se a numerosos domínios. Na ciência, por exemplo, os chips de IA mais potentes permitem analisar maiores quantidades de dados em menos tempo, o que acelera as novas descobertas na investigação. Na medicina, os sistemas de IA melhorados podem contribuir para a deteção precoce de doenças, permitir planos de tratamento mais personalizados e tornar os procedimentos cirúrgicos mais precisos. No sector do entretenimento, os chips de IA avançados abrem novas possibilidades para experiências imersivas, desde jogos altamente realistas a conteúdos personalizados.

O futuro da IA está, por conseguinte, indissociavelmente ligado ao desenvolvimento de novas tecnologias de circuitos integrados. Esta inovação contínua é a chave para alargar os limites do que é possível com a IA e abrir novas possibilidades de aplicação. Ao melhorar o desempenho, a eficiência e a especialização dos chips de IA, será possível ultrapassar os desafios actuais e concretizar as visões do futuro.

Os smartphones como plataforma para aplicações de IA

Nos últimos anos, os telemóveis inteligentes tornaram-se uma plataforma central para a aplicação e difusão da inteligência artificial.

Estes dispositivos tornaram-se omnipresentes na nossa vida quotidiana e oferecem uma base única para aplicações baseadas em IA, graças às suas capacidades avançadas e à sua vasta base de utilizadores. A importância dos smartphones como plataforma para a IA pode ser ilustrada por vários aspectos fundamentais.

Ubiquidade e acessibilidade

Os smartphones são amplamente utilizados em todo o mundo e, por conseguinte, oferecem uma plataforma de grande alcance para aplicações de IA. Permitem que milhões de pessoas beneficiem dos avanços da IA, independentemente da sua localização ou do acesso à tecnologia informática tradicional. Esta ubiquidade faz dos smartphones uma ferramenta poderosa para levar os serviços de IA a um público alargado.

Hardware potente

O rápido desenvolvimento do hardware dos smartphones conduziu a uma melhoria notável das capacidades destes dispositivos, nomeadamente no domínio da inteligência artificial.

Os smartphones modernos estão equipados com processadores avançados e unidades gráficas especialmente optimizadas para a execução eficiente de algoritmos de IA. Estas melhorias no hardware marcam um avanço significativo na tecnologia móvel, permitindo o processamento de tarefas complexas baseadas em IA diretamente no dispositivo - um conceito frequentemente referido como computação periférica. A independência de servidores baseados na nuvem para determinadas tarefas traz benefícios, incluindo maior privacidade, menor latência e menor dependência de ligações contínuas à Internet.

Funções como a tradução de línguas em tempo real, o reconhecimento de imagens e a realidade aumentada são exemplos práticos de aplicações que beneficiam significativamente destes desenvolvimentos. Ao utilizar tecnologias de IA diretamente no dispositivo, estas funções podem ser executadas em tempo real e com uma precisão impressionante, melhorando significativamente a experiência do utilizador.

A tradução de línguas em tempo real, por exemplo, foi outrora (e muitas vezes ainda é) uma tarefa que exigia servidores potentes na nuvem. No entanto, a otimização do hardware dos smartphones para algoritmos de IA tornou possível processar e traduzir sinais de voz em tempo real, sem atrasos visíveis. Estas melhorias não só permitem uma comunicação mais natural para além das barreiras linguísticas, como também tornam a tecnologia acessível em ambientes sem uma ligação estável à Internet.

O reconhecimento de imagens nos smartphones também beneficiou dos chips especializados em IA. As aplicações que reconhecem e interpretam objectos, rostos ou mesmo texto em imagens funcionam agora de forma mais rápida e eficiente, permitindo inúmeras aplicações, desde a fotografia à navegação e à segurança. O processamento local destas tarefas não só reduz a latência, como também melhora a segurança e a privacidade, uma vez que os dados sensíveis não têm de sair do dispositivo.

A realidade aumentada (RA) é outro domínio que recebeu um impulso significativo graças à otimização da IA no hardware dos smartphones. Trata-se de uma tecnologia que incorpora informação digital, como imagens, vídeos e modelos 3D, no mundo real. Este conteúdo digital é sobreposto diretamente ao que vemos à nossa volta, criando uma realidade aumentada em que coexistem objectos virtuais e físicos. A realidade aumentada difere da realidade virtual (RV) na medida em que não substitui o mundo real, mas complementa-o. Os utilizadores podem continuar a percecionar o ambiente real. Os utilizadores podem continuar a percecionar o ambiente real através da RA, enriquecido com elementos digitais adicionais.

Esta tecnologia é implementada em tempo real e de forma interactiva, o que significa que as sobreposições digitais podem adaptar-se dinamicamente a alterações no ambiente real ou na perspetiva do utilizador. Um exemplo clássico é o jogo móvel Pokémon Go, no qual os jogadores procuram e capturam criaturas virtuais no seu ambiente real. No entanto, as aplicações da RA são muito mais vastas e vão desde a educação, onde é utilizada para ilustrar conceitos científicos complexos, por exemplo, ao comércio retalhista, que permite aos clientes experimentar virtualmente os produtos ou projectá-los nos seus espaços, até à indústria, onde a RA é utilizada para instruções de manutenção e reparação.

A interação com a RA ocorre normalmente através de dispositivos que possuem uma câmara e um ecrã, como smartphones, tablets ou óculos de RA especializados. A câmara do dispositivo capta o mundo real, enquanto o software de RA sobrepõe o conteúdo digital com base na análise da imagem e na orientação do dispositivo. O desenvolvimento contínuo do hardware dos smartphones, em particular de processadores mais potentes e de sensores melhorados, ajudou a tornar a RA acessível a um público mais vasto e a integrar a tecnologia numa variedade de aplicações quotidianas.

As aplicações de RA requerem uma análise e interpretação rápidas do mundo real, de modo a integrarem sem problemas informações ou objectos digitais. O desempenho dos chips dos smartphones modernos permite efetuar estes cálculos complexos em tempo real, o que resulta em experiências de RA mais suaves e mais envolventes.

Sensores e recolha de dados

Os smartphones estão equipados com uma variedade de sensores, incluindo câmaras, microfones, giroscópios e GPS. Estes sensores recolhem continuamente dados que podem ser utilizados por aplicações de IA para fornecer serviços personalizados e contextuais. Por exemplo, os algoritmos de IA podem utilizar as informações recolhidas pelos sensores para compreender o comportamento do utilizador, fornecer recomendações personalizadas ou interpretar o ambiente do utilizador.

Melhorar a experiência do utilizador

A inteligência artificial tornou-se parte integrante dos smartphones modernos e contribui significativamente para melhorar a experiência do utilizador.

Ao integrar tecnologias de IA nos smartphones, estes dispositivos podem agora executar uma variedade de tarefas de forma mais inteligente, eficiente e fácil de utilizar. A IA permite que os smartphones aprendam com as interacções com o utilizador, se adaptem e prevejam o que o utilizador poderá precisar a seguir, resultando numa experiência de utilização personalizada e intuitiva.

Um dos exemplos mais marcantes da utilização da IA nos smartphones são os assistentes pessoais inteligentes. Estes assistentes, como o Siri, o Google Assistant ou o Bixby, utilizam tecnologias avançadas de processamento de voz para compreender a linguagem natural e responder a comandos de voz. Podem responder a perguntas, definir lembretes, controlar a casa inteligente e até realizar tarefas mais complexas, como fazer reservas. Estes assistentes estão constantemente a aprender e a melhorar com cada interação para dar respostas ainda mais relevantes e personalizadas.

No domínio da fotografia, a integração da IA também trouxe melhorias revolucionárias. Os smartphones modernos utilizam tecnologias de reconhecimento de imagem baseadas em IA para identificar cenas e objectos nas fotografias e ajustar automaticamente as definições da câmara para obter as melhores fotografias possíveis. Esta tecnologia também pode ser utilizada para melhorar as imagens depois de terem sido tiradas, por exemplo, removendo a desfocagem, ajustando a exposição ou adicionando efeitos bokeh para fotografias de retrato. Além disso, os algoritmos de IA permitem funções inovadoras, como o reconhecimento de rostos e sorrisos, para captar automaticamente o momento perfeito para uma fotografia.

Outra área em que a IA está a transformar a utilização dos smartphones é a gestão da bateria. Ao aprender os padrões de utilização do utilizador, a IA pode controlar sistemas adaptativos de gestão da bateria que optimizam a eficiência energética. Estes sistemas ajustam de forma inteligente o desempenho do dispositivo e o consumo de energia das aplicações para maximizar a duração da bateria. Por exemplo, podem reconhecer quando determinadas aplicações são normalmente utilizadas e ajustar a atribuição de recursos em conformidade ou reduzir a atividade de fundo desnecessária se o telefone for raramente utilizado.

Estes exemplos ilustram como a IA melhorou fundamentalmente a interação com os smartphones. Ao aprender com o comportamento dos utilizadores e ao adaptar-se às suas preferências, as tecnologias de IA oferecem uma experiência personalizada que vai muito além das capacidades dos sistemas tradicionais que não aprendem. A integração contínua da IA nos smartphones promete aperfeiçoar e enriquecer ainda mais a forma como interagimos com os nossos dispositivos, tornando-os ainda mais inteligentes, mais úteis e mais intuitivos.

Promoção do desenvolvimento e da inovação

A rápida disseminação dos smartphones e a integração progressiva da inteligência artificial (IA) nestes dispositivos criaram um ecossistema fértil para programadores e empresas que está a alimentar a inovação a uma escala sem precedentes.

Este ambiente dinâmico transformou o mercado das aplicações e levou a um grande crescimento das aplicações baseadas em IA que oferecem serviços personalizados numa variedade de áreas. A combinação única da utilização omnipresente dos smartphones e das tecnologias avançadas de IA abre novas oportunidades para o desenvolvimento e o fornecimento de aplicações que simplificam, enriquecem e melhoram a vida quotidiana.

Na área da saúde, por exemplo, as aplicações baseadas em IA estão a permitir aos utilizadores monitorizar e gerir melhor a sua saúde. Desde as aplicações que detectam problemas de pele através da análise de imagens até às que utilizam a análise de dados para criar planos personalizados de fitness e nutrição, a IA está a mudar a forma como pensamos e agimos em relação à saúde e ao bem-estar. Estas tecnologias também podem ser utilizadas para apoiar a monitorização remota de doentes e prever riscos de saúde, o que é particularmente valioso em zonas rurais ou mal servidas.

No sector da educação, as aplicações baseadas em IA oferecem experiências de aprendizagem personalizadas, analisando o progresso e as preferências dos alunos e fornecendo conteúdos e exercícios adaptados. Isto vai desde aplicações de aprendizagem de línguas que fornecem feedback personalizado a plataformas que ensinam conceitos científicos complexos através de simulações interactivas. A capacidade de adaptar os conteúdos de aprendizagem às necessidades de cada indivíduo tem o potencial de tornar a educação mais acessível e eficaz.

No sector financeiro, as aplicações baseadas em IA estão a revolucionar a forma como pensamos a gestão do dinheiro e os investimentos. As aplicações que analisam o comportamento dos utilizadores para fornecer dicas de poupança personalizadas ou as que efectuam análises de mercado complexas para fazer recomendações de investimento estão a tornar-se cada vez mais populares. Estas tecnologias estão a ajudar a tornar os serviços financeiros mais democráticos, tornando o aconselhamento profissional e as ferramentas analíticas avançadas acessíveis a uma maior parte da população.

As aplicações baseadas em IA também estão a impulsionar a inovação no sector do entretenimento. Desde serviços personalizados de streaming de música e vídeo que fazem recomendações com base no comportamento de consumo anterior a jogos que se adaptam ao estilo de jogo do utilizador, estas aplicações oferecem uma experiência personalizada.

Este ambiente de desenvolvimento não só promove a inovação e o crescimento contínuos das aplicações de IA concebidas especificamente para dispositivos móveis, como também incentiva a reflexão e a melhoria constantes das tecnologias de IA subjacentes. A proximidade com o utilizador final e o feedback direto que os programadores recebem através das lojas de aplicações aceleram o ciclo de inovação e permitem uma rápida adaptação e otimização das aplicações. A integração da IA nos smartphones é, por conseguinte, não só um catalisador da inovação tecnológica, mas também um motor de mudança social e económica, ao tornar serviços poderosos, personalizados e intuitivos acessíveis a uma vasta base de utilizadores.

Em resumo, os smartphones desempenham um papel fundamental na difusão e aplicação da IA. Oferecem uma plataforma acessível, poderosa e personalizada que tem o potencial de integrar as tecnologias de IA na vida quotidiana de milhares de milhões de pessoas em todo o mundo.

Os princípios básicos da IA e a sua dependência do hardware

Os fundamentos da inteligência artificial abrangem uma vasta gama de tecnologias, métodos e princípios que visam permitir que as máquinas executem tarefas que exigem inteligência humana.

Isto inclui a compreensão, a aprendizagem, o planeamento, o reconhecimento do discurso e a resolução de problemas.

A capacidade dos sistemas de IA para aprenderem com a experiência, reconhecerem padrões nos dados e tomarem decisões com base nesses resultados é fundamental para o desenvolvimento de aplicações inteligentes. No entanto, a implementação e a eficácia destes sistemas estão cada vez mais dependentes do hardware subjacente. Esta dependência manifesta-se em vários domínios fundamentais:

Poder de computação

O desenvolvimento e a formação de modelos de IA, especialmente em áreas como a aprendizagem automática e a aprendizagem profunda, são processos computacionalmente intensivos. Requerem uma quantidade significativa de capacidade de computação para ajustar milhões ou mesmo milhares de milhões de parâmetros utilizados nos modelos. Os processadores modernos, como as GPU (unidades de processamento gráfico), as TPU (unidades de processamento tensorial) e os chips de IA especializados fornecem a elevada potência de computação necessária para estas tarefas, permitindo o processamento paralelo e operações matriciais eficientes que são fundamentais para o treino de modelos de IA.

Memória e largura de banda da memória

A eficácia da inteligência artificial e da aprendizagem automática depende, em grande medida, da capacidade de processar e analisar grandes quantidades de dados de forma rápida e eficiente. A capacidade de computação dos processadores é um fator crítico neste contexto, mas é apenas uma parte da equação. Pelo menos igualmente importantes são a memória suficiente e a elevada largura de banda da memória, que são cruciais para maximizar a eficiência do processo de formação e a execução dos modelos de IA. Em conjunto, estes factores definem o desempenho dos sistemas de IA.

A memória desempenha um papel igualmente importante, uma vez que contém os dados que são processados pelos processadores. Se a memória for insuficiente, os dados têm de ser processados em lotes mais pequenos ou recarregados a partir de suportes de armazenamento mais lentos, o que pode tornar o processo mais lento. A capacidade de memória deve ser suficientemente grande para armazenar as enormes quantidades de dados necessárias para treinar modelos de IA, especialmente redes neurais profundas que são treinadas em grandes conjuntos de dados.

A largura de banda da memória - a velocidade a que os dados podem ser transferidos entre a memória e os processadores - é outro fator crucial. As larguras de banda de memória elevadas permitem que os dados sejam entregues aos processadores com rapidez suficiente para garantir um processamento contínuo e eficiente. Uma largura de banda limitada, por outro lado, pode levar a estrangulamentos que abrandam todo o processo, uma vez que os processadores têm de esperar pelo acesso aos dados.

A memória de alta largura de banda (HBM) representa um avanço significativo na tecnologia de memória, projetada especificamente para atender às altas demandas dos modernos sistemas de IA. Em sua essência, a HBM aborda o problema da largura de banda da memória, que muitas vezes limita as soluções de memória tradicionais, como a memória DDR (Double Data Rate), em termos da velocidade com que os dados podem ser transferidos entre a memória e as unidades do processador.

O HBM alcança sua alta largura de banda através de uma arquitetura radicalmente diferente em comparação com os designs de memória tradicionais. Em vez de depender de uma ampla interface com uma alta taxa de clock, o HBM utiliza um número muito maior de canais de dados, cada um operando com uma taxa de clock menor. Este design permite que o HBM mova dados muito mais rapidamente, resultando em um aumento significativo na largura de banda geral. Além disso, o HBM é fisicamente colocado mais próximo do processador ou GPU, muitas vezes ao lado do chip ou até mesmo empilhado e conectado por interpositores de silício. Esta proximidade física reduz ainda mais a latência da transferência de dados e melhora a eficiência do sistema.

Os benefícios do HBM são particularmente perceptíveis em aplicações que exigem processamento intensivo de dados, como é o caso da IA e do aprendizado de máquina. Os modelos de IA, especialmente as redes neurais profundas, se beneficiam da capacidade de mover grandes conjuntos de dados e modelos pela memória mais rapidamente, reduzindo os tempos de treinamento e aumentando a velocidade de inferência. Isto é crucial para as aplicações que precisam de trabalhar em tempo real ou quase em tempo real, como a condução autónoma, os serviços de tradução em tempo real ou os assistentes de IA interactivos.

O HBM também suporta o desenvolvimento de modelos de IA mais complexos e poderosos, já que os desenvolvedores não estão mais limitados pela largura de banda da memória. Isso abre novas possibilidades para pesquisa e desenvolvimento em IA, pois os modelos podem ser mais profundos, mais precisos e, portanto, mais poderosos, sem ter que aceitar perdas desproporcionais na velocidade de execução.

O equilíbrio entre o desempenho do processador, a capacidade de memória e a largura de banda da memória é agora crucial para a otimização dos sistemas de IA.

Eficiência energética

A eficiência energética, como descrito acima, é um fator-chave no hardware de IA, especialmente para aplicações executadas em dispositivos móveis ou em centros de dados de grande escala. O hardware eficiente em termos energéticos reduz o consumo de energia e os custos associados, o que é particularmente importante porque o treino de modelos de IA e a execução de aplicações de IA podem consumir muita energia. Os chips e processadores especializados em IA são frequentemente concebidos para oferecer uma maior eficiência energética em comparação com os processadores gerais.

Especialização vs. generalização

A distinção entre CPUs gerais e componentes de hardware especializados em IA, como GPUs (Graphics Processing Units) e TPUs (Tensor Processing Units), é fundamental quando se trata de executar aplicações de IA. As CPU, as peças centrais da maioria dos computadores, são concebidas para uma vasta gama de tarefas. Podem lidar com tudo, desde tarefas computacionais simples a operações lógicas complexas. A sua arquitetura foi concebida para proporcionar flexibilidade e a capacidade de processar dados sequencialmente, o que as torna ideais para tarefas de computação gerais.

Em contrapartida, as GPUs foram originalmente desenvolvidas para o processamento de gráficos e imagens, mas a sua capacidade de efetuar muitos cálculos em paralelo torna-as particularmente valiosas também para aplicações de IA. As GPUs podem executar milhares de threads em simultâneo, o que as torna ideais para as operações de computação paralela maciça comuns na aprendizagem automática e na aprendizagem profunda. Esta capacidade de processamento paralelo significa que as GPUs podem treinar e executar modelos e algoritmos de IA muito mais rapidamente do que as CPUs.

As TPUs são ainda mais específicas para as tarefas de IA e foram concebidas de raiz para apoiar eficazmente a aprendizagem automática. As TPU optimizam determinadas operações matemáticas que ocorrem frequentemente em cálculos de IA, como a multiplicação de matrizes, o que pode levar a cálculos ainda mais rápidos em comparação com as GPU. A Google, por exemplo, utiliza TPUs internamente para treinar e executar os seus modelos de IA, o que resulta em melhorias de desempenho significativas.

A escolha entre CPUs, GPUs e TPUs depende fortemente da aplicação específica de IA. Embora as CPUs continuem a ser essenciais devido à sua flexibilidade e capacidade de lidar com uma vasta gama de tarefas, as GPUs e TPUs oferecem vantagens fundamentais para os cálculos de IA. A decisão sobre o hardware a utilizar baseia-se numa série de factores, incluindo a natureza da tarefa de IA, a dimensão e a complexidade do modelo, as restrições de tempo e de custos e os requisitos específicos da aplicação.

A especialização das GPUs e TPUs permite efetuar cálculos de IA de forma mais eficiente e rápida, mas esta especialização tem como contrapartida a flexibilidade. As GPU e as TPU estão optimizadas para determinados tipos de cálculos e podem não ser tão eficazes em tarefas fora destas especializações. Em alguns casos, especialmente para projectos de IA mais pequenos ou menos intensivos em termos de computação, uma CPU pode ser suficiente e uma opção mais económica. No entanto, para projectos de IA de grande escala que exijam computação intensiva, as vantagens do hardware especializado superam claramente as potenciais limitações de flexibilidade.

Acessibilidade

A disponibilidade e a acessibilidade de hardware compatível com a IA determinam quem é capaz de desenvolver e treinar modelos de IA. Embora as grandes empresas e as organizações de investigação possam ter acesso às tecnologias mais recentes, é importante que as ferramentas de desenvolvimento e o hardware também estejam acessíveis a equipas de desenvolvimento mais pequenas e a indivíduos para apoiar uma vasta gama de inovações e aplicações.

De um modo geral, o desenvolvimento da IA está indissociavelmente ligado à evolução do hardware. Enquanto o software define a "inteligência" dos sistemas de IA, é o hardware que torna essa inteligência realizável e prática. Por conseguinte, o futuro da IA depende não só dos avanços nos algoritmos e na ciência dos dados, mas também dos avanços no hardware que suporta estas inovações.

Conceitos básicos e aplicações de IA e ML

A inteligência artificial (IA) e a aprendizagem automática (AM) são áreas da ciência informática que se ocupam do desenvolvimento de sistemas capazes de realizar tarefas que exigem inteligência humana. Estas tecnologias têm o potencial de transformar muitos aspectos das nossas vidas, desde a forma como trabalhamos até à nossa compreensão da saúde e da medicina. Para compreender os fundamentos e as aplicações destas disciplinas, é útil familiarizar-se com alguns dos seus conceitos fundamentais e áreas de aplicação típicas.

Conceitos básicos de IA

A inteligência artificial refere-se ao vasto domínio que permite às máquinas realizar tarefas que normalmente requerem a inteligência humana. Estas tarefas incluem a resolução de problemas, a compreensão da linguagem natural, o reconhecimento de padrões e imagens, a tomada de decisões, etc. A IA pode ser dividida em duas categorias principais:

- A IA fraca, também conhecida como "IA aplicada", é inerente aos sistemas concebidos para tarefas específicas, como os assistentes controlados por voz ou os sistemas de recomendação.
- A IA forte ou "Inteligência Artificial Geral" refere-se a sistemas ou máquinas que podem reproduzir de forma exaustiva o funcionamento cognitivo dos seres humanos. Estes sistemas são teoricamente capazes de realizar qualquer tarefa mental que um utilizador humano possa realizar.

IA fraca

O termo "IA fraca", muitas vezes referido como "IA aplicada", desempenha um papel central na compreensão dos diferentes tipos de inteligência artificial e das suas aplicações. A IA fraca refere-se a sistemas que são especificamente concebidos para realizar uma determinada tarefa ou um conjunto de tarefas estritamente definido, sem replicar ou compreender a inteligência humana na sua totalidade. Este tipo de IA funciona segundo um conjunto fixo de regras ou aprende com os dados para atingir objectivos específicos e pré-definidos.

Um bom exemplo de IA fraca são os assistentes controlados por voz, como a Siri, a Alexa ou o Google Assistant. Estes sistemas são treinados para compreender e responder ao discurso humano, procurar informações, executar comandos simples ou responder a perguntas dos utilizadores. Embora a sua capacidade de processar linguagem natural e responder a uma variedade de pedidos seja impressionante, funcionam num quadro muito específico. Não são capazes de atuar fora dos seus conhecimentos e capacidades programados, nem de demonstrar uma verdadeira compreensão ou consciência.

Outro exemplo são os sistemas de recomendação, como os utilizados por serviços de streaming como o Netflix ou plataformas de comércio eletrónico como a Amazon. Estes sistemas analisam o comportamento e as preferências dos utilizadores para fazer sugestões personalizadas de filmes, séries de televisão ou produtos. Embora estes sistemas sejam capazes de fornecer recomendações incrivelmente precisas com base em enormes quantidades de dados, a sua inteligência está limitada a este contexto específico.

Os sistemas de IA fracos são normalmente caracterizados pela aprendizagem automática e pela análise de dados. Utilizam grandes quantidades de dados e algoritmos para reconhecer padrões e tomar decisões no seu domínio de aplicação. O seu desenvolvimento exige um conhecimento profundo da ciência dos dados e da aprendizagem automática, bem como um planeamento cuidadoso das áreas de aplicação para garantir que os sistemas funcionem de forma eficaz e ética.

Apesar das capacidades limitadas da IA fraca, o seu desenvolvimento está a ter um impacto significativo em muitas indústrias e aplicações quotidianas. Permite a automatização e ganhos de eficiência em áreas como o serviço ao cliente, o marketing, os cuidados de saúde, os serviços financeiros e muito mais. Os avanços na IA fraca estão a conduzir a sistemas cada vez mais inteligentes que podem realizar tarefas específicas com precisão e utilidade crescentes.

IA forte

A IA forte, também conhecida como Inteligência Artificial Geral (IAG), representa o objetivo ambicioso da investigação em IA de desenvolver sistemas ou máquinas que possam imitar toda a gama de capacidades cognitivas humanas. Em contraste com a IA fraca, que é concebida para tarefas específicas, a IA forte visa criar uma inteligência universal que aprende, compreende, infere e é criativa numa vasta gama de domínios.

Um sistema com uma IA forte seria capaz de realizar qualquer tarefa mental que um ser humano possa fazer. Isto inclui não só tarefas especializadas, como jogar xadrez ou diagnosticar uma doença, mas também a capacidade de aprender com a experiência, de se adaptar a circunstâncias novas e desconhecidas, de resolver problemas de forma autónoma, de pensar criativamente e até de ter emoções e consciência. A concretização de tal inteligência alargaria radicalmente os limites do que as máquinas podem fazer e poderia, teoricamente, produzir máquinas que não só competissem com os humanos em tarefas específicas, como também fossem capazes de ultrapassar as capacidades humanas e criar inovações independentes.

No entanto, o desenvolvimento da IA forte levanta questões técnicas, filosóficas e éticas consideráveis.

Do ponto de vista técnico, a investigação enfrenta o desafio de desenvolver algoritmos que permitam uma inteligência tão flexível e adaptável. Isto poderá exigir avanços em áreas como a aprendizagem automática, as redes neuronais e a modelação cognitiva. Do ponto de vista filosófico, a ideia de uma máquina com uma inteligência semelhante à humana levanta questões sobre a natureza da consciência e da identidade.

As considerações éticas também desempenham um papel crucial. A possibilidade de as máquinas tomarem decisões que tradicionalmente exigiam a apreciação humana levanta questões sobre a responsabilidade, a segurança e o impacto social.

Embora a concretização de uma IA forte seja uma visão fascinante, continua a ser largamente especulativa nesta fase e uma perspetiva a longo prazo em termos de investigação e desenvolvimento. A maior parte dos sistemas de IA actuais enquadra-se na categoria de IA fraca, embora os avanços na aprendizagem automática e na investigação sobre IA estejam constante e rapidamente a alargar os limites do que é tecnologicamente possível. No entanto, a evolução para uma IA forte não só representaria um grande avanço na tecnologia informática, como também teria um grande impacto em quase todos os aspectos da sociedade humana.

Conceitos básicos de aprendizagem automática

A aprendizagem automática é um subcampo da IA que utiliza algoritmos e modelos estatísticos para permitir que os programas informáticos aprendam com os dados e melhorem sem serem explicitamente programados. Os modelos de aprendizagem automática aprendem com a experiência (dados) para fazer previsões ou tomar decisões com base em dados novos, nunca antes vistos. As principais categorias de aprendizagem automática são:

- Aprendizagem supervisionada, em que os modelos são treinados utilizando pares de entradas e saídas. O sistema tenta aprender uma função que mapeia as entradas para as saídas.
- Aprendizagem não supervisionada, em que os algoritmos aprendem com conjuntos de dados sem respostas predefinidas e descobrem estruturas ocultas nos dados.
- A aprendizagem por reforço baseia-se no princípio da recompensa e do castigo. Um agente aprende como se deve comportar num ambiente de modo a obter a recompensa máxima.

Aprendizagem supervisionada

A aprendizagem supervisionada é uma das técnicas centrais no domínio da aprendizagem automática e desempenha um papel crucial no desenvolvimento da inteligência artificial.

Neste método, o modelo é treinado com um conjunto de dados constituído por pares de entradas e saídas. Cada par do conjunto de dados de treino é constituído por uma entrada (frequentemente designada por "caraterística") e uma saída ou objetivo associado (também designado por "rótulo"). O objetivo da aprendizagem supervisionada é aprender uma função que represente a relação entre os dados de entrada e os dados de saída com a maior precisão possível. Depois de o modelo ter sido treinado, deve ser capaz de prever ou classificar o resultado para entradas novas e desconhecidas.

O processo de aprendizagem supervisionada compreende várias etapas. Em primeiro lugar, é selecionado um algoritmo que parece adequado para a tarefa específica. Pode ser um algoritmo simples, como a regressão linear, para previsões contínuas (por exemplo, prever o preço de uma mercadoria com base nas suas características) ou um algoritmo mais complexo, como uma rede neural profunda, para tarefas de classificação (por exemplo, reconhecer objectos em imagens). O algoritmo é então alimentado com um conjunto de dados de treino que o ajuda a "aprender" a relação entre os inputs e os outputs desejados.

O treino de um modelo como parte da aprendizagem supervisionada envolve normalmente a minimização de um erro ou perda que mede a diferença entre os resultados previstos pelo modelo e os resultados reais no conjunto de dados de treino. Ao longo do processo de formação, o modelo ajusta os seus parâmetros internos para minimizar este erro. Uma vez concluída a formação, o modelo é avaliado em relação a um conjunto de dados separado que não foi visto durante a formação (o conjunto de dados de teste) para verificar a sua exatidão e desempenho.

A aprendizagem supervisionada é utilizada numa vasta gama de aplicações, desde o reconhecimento de voz e a classificação de texto até ao reconhecimento de imagens e à previsão dos movimentos da bolsa. A eficácia da aprendizagem supervisionada depende em grande medida da qualidade e quantidade dos dados de treino disponíveis. Dados de alta qualidade e bem anotados permitem ao modelo fazer previsões mais exactas. No entanto, a recolha e rotulagem desses dados pode ser morosa e dispendiosa, o que constitui um desafio.

Apesar deste desafio, a aprendizagem supervisionada continua a ser um método poderoso no conjunto de ferramentas da IA, permitindo resolver problemas complexos e obter informações valiosas a partir dos dados. A melhoria contínua dos algoritmos, juntamente com a disponibilidade crescente de grandes volumes de dados e de recursos informáticos mais potentes, está a impulsionar o progresso e a proliferação dos métodos de aprendizagem supervisionada.

Aprendizagem não supervisionada

A aprendizagem não supervisionada é um método de aprendizagem automática que se caracteriza pelo facto de funcionar sem respostas ou etiquetas explicitamente especificadas nos dados de treino. Em contraste com a aprendizagem supervisionada, em que os modelos são treinados utilizando exemplos com pares conhecidos de entradas e saídas, a aprendizagem não supervisionada tem como objetivo descobrir padrões, estruturas ou relações ocultas num conjunto de dados que consiste apenas em dados de entrada, sem saídas ou etiquetas atribuídas.

Este método é particularmente útil em cenários em que as relações entre os pontos de dados não são conhecidas antecipadamente ou quando é impossível ou impraticável criar um grande conjunto de dados rotulados. A aprendizagem não supervisionada pode ser classificada em diferentes técnicas, incluindo o agrupamento, a redução da dimensionalidade e a aprendizagem de regras de associação.

- O agrupamento é uma das técnicas de aprendizagem não supervisionada mais conhecidas. Aqui, os pontos de dados são categorizados em grupos (clusters) de modo a que os pontos dentro de um cluster sejam mais semelhantes entre si do que os pontos noutros clusters. Este método é frequentemente utilizado para segmentar dados, por exemplo, na segmentação de clientes em marketing, para identificar grupos de clientes com preferências ou comportamentos semelhantes.

- A redução da dimensionalidade é outra técnica importante que é utilizada para reduzir a complexidade dos dados, reduzindo o número de variáveis e tentando preservar a informação essencial. Técnicas como a análise de componentes principais (PCA) são utilizadas para reduzir a dimensionalidade dos conjuntos de dados, o que não só poupa espaço de armazenamento e tempo de computação, como também ajuda a compreender melhor as estruturas subjacentes dos dados.

- A aprendizagem de regras de associação é um método que tem por objetivo encontrar relações interessantes entre variáveis em grandes bases de dados. Um exemplo clássico é a "análise do cesto de compras" no comércio retalhista, que examina os produtos que são frequentemente comprados em conjunto, a fim de otimizar as estratégias de venda.

O desafio da aprendizagem não supervisionada é que, sem respostas pré-determinadas, a avaliação do desempenho do modelo é menos clara do que na aprendizagem supervisionada. Não existe uma resposta "correcta" simples e a qualidade dos resultados tem frequentemente de ser avaliada com base no contexto ou na experiência humana. No entanto, a aprendizagem não supervisionada fornece ferramentas poderosas para obter informações sobre dados que, de outra forma, permaneceriam ocultos, especialmente nas fases iniciais da exploração de dados, quando ainda não é claro que perguntas devem ser feitas ou que estruturas existem.

Com a capacidade de reconhecer padrões ocultos nos dados sem depender de anotações prévias, a aprendizagem não supervisionada está a desempenhar um papel cada vez mais importante em muitas áreas da análise de dados, desde a descoberta de novos conhecimentos científicos até à melhoria dos processos empresariais e das experiências dos clientes.

Aprendizagem por reforço

A aprendizagem por reforço é outro método dinâmico de aprendizagem automática que se baseia nos princípios da recompensa e do castigo. No centro da aprendizagem por reforço está um agente que aprende a selecionar as melhores acções possíveis através da interação com o seu ambiente, de modo a atingir os seus objectivos. Este paradigma de aprendizagem é inspirado na psicologia behaviorista e imita a forma como os seres vivos aprendem, procurando recompensas e evitando castigos.

O conceito básico da aprendizagem por reforço gira em torno do agente, do ambiente e da forma como estes dois interagem. O agente toma decisões ou executa acções em cada estado do ambiente. Em resposta, o ambiente altera o seu estado e dá feedback ao agente sob a forma de recompensas ou castigos. A recompensa é um valor numérico que indica ao agente quão favorável foi uma determinada ação. O objetivo do agente é aprender uma estratégia (também conhecida como política) que maximize a recompensa acumulada ao longo do tempo.

A aprendizagem por reforço tem encontrado aplicações impressionantes em vários domínios, desde a otimização das estratégias dos jogos de xadrez e Go, em que programas como o AlphaGo atingiram marcos históricos, até à robótica, em que é utilizada para ensinar robôs a dominar autonomamente tarefas complexas como andar, agarrar ou voar. É também utilizada na automação e na otimização dos processos de decisão em sistemas complexos, como as redes inteligentes e as finanças.

Um dos principais desafios da aprendizagem por reforço é o equilíbrio entre a exploração e o aproveitamento. A exploração refere-se à experimentação de novas acções para aprender mais sobre o ambiente, enquanto a exploração é a utilização de conhecimentos previamente adquiridos para maximizar a recompensa. Um agente eficaz deve aprender quando é melhor explorar novas estratégias e quando é apropriado executar acções comprovadas.

Outro desafio é o escalonamento: muitos problemas do mundo real oferecem um número enorme ou mesmo infinito de estados e acções, o que os torna difíceis de resolver utilizando métodos tradicionais. É aqui que entram em jogo técnicas avançadas como as redes neuronais profundas, conhecidas como "aprendizagem por reforço profundo". Estes métodos têm a capacidade de aprender com dados complexos e de elevada dimensão e conduziram a avanços significativos na aplicação da aprendizagem por reforço.

Capacidades de computação para algoritmos de IA

Nunca é demais sublinhar a necessidade de poderosas capacidades de computação para o desenvolvimento e a aplicação da inteligência artificial. Esta dependência resulta da complexidade inerente aos algoritmos de IA, especialmente os que se inserem no domínio da aprendizagem automática (ML) e da aprendizagem profunda. O processamento de enormes quantidades de dados, o treino de redes neuronais extensas e a análise de informações em tempo real exigem uma capacidade de computação excecional. As razões para estes requisitos podem ser resumidas da seguinte forma:

Conjuntos de dados alargados

Os modelos de IA e ML aprendem e melhoram através da análise de grandes conjuntos de dados. O processamento e a análise destes dados requerem recursos informáticos consideráveis. Quanto maior for o conjunto de dados, maior é a precisão com que o modelo consegue reconhecer padrões e fazer previsões. No entanto, o processamento desses conjuntos de dados num período de tempo aceitável exige sistemas de computação de elevado desempenho.

Complexidade dos modelos

Os modelos modernos de IA, especialmente as redes neuronais profundas, consistem em milhões ou mesmo milhares de milhões de parâmetros que têm de ser ajustados para fazer previsões ou análises precisas. O treino destes modelos requer uma quantidade imensa de multiplicações de matrizes e outras operações computacionalmente intensivas que seriam impraticáveis sem hardware potente.

Requisitos em tempo real

Muitas aplicações de IA, como os veículos autónomos, os assistentes pessoais e os serviços de tradução em tempo real, exigem uma tomada de decisões e uma capacidade de resposta rápidas. Estes requisitos em tempo real só podem ser satisfeitos com uma poderosa capacidade de computação para minimizar a latência e garantir uma experiência de utilizador sem problemas.

Formação iterativa e otimização

O desenvolvimento de modelos de IA é um processo iterativo em que os modelos são continuamente adaptados, testados e retreinados para melhorar a sua precisão e eficácia. Este processo pode ser entediante sem hardware rápido e eficiente, o que afecta a velocidade da inovação e a aplicação prática dos resultados da investigação.

Hardware especializado

Os requisitos específicos dos algoritmos de IA levaram ao desenvolvimento de hardware especializado, como as GPU (unidades de processamento gráfico), as TPU (unidades de processamento tensorial) e as FPGA (matrizes de portas programáveis em campo). Estes são optimizados para o processamento paralelo e outras operações de computação típicas da IA, o que acelera significativamente a formação e a execução de modelos de IA.

Em suma, os avanços na IA estão indissociavelmente ligados aos avanços na capacidade de computação. A disponibilidade e o desenvolvimento de capacidades de computação potentes são cruciais para a investigação de novos métodos de aprendizagem automática, o desenvolvimento de modelos mais avançados e complexos e a ampla aplicação das tecnologias de IA na indústria e na vida quotidiana. O investimento em recursos informáticos é, por conseguinte, uma condição prévia fundamental para o progresso e a inovação no domínio da inteligência artificial.

Tipos de chips utilizados na IA

O desenvolvimento e a aplicação da inteligência artificial estão intimamente ligados aos avanços na tecnologia de hardware. Diferentes tipos de chips desempenham um papel crucial na investigação e aplicação da IA, cada um com os seus próprios pontos fortes e áreas específicas de utilização. Eis uma panorâmica dos chips mais utilizados na IA: CPUs, GPUs, TPUs e FPGAs.

CPUs (unidades centrais de processamento)

As CPUs, abreviatura de Central Processing Units (Unidades Centrais de Processamento), estão há muito tempo no centro dos computadores modernos e desempenham um papel crucial no processamento de informações. São concebidas para lidar com uma vasta gama de tarefas, desde os cálculos mais básicos até aos algoritmos complexos utilizados na análise de dados, no design gráfico e em muitas outras áreas. Essencialmente, as CPUs actuam como o cérebro de um computador, executando instruções de programas através de uma série de operações aritméticas.

A arquitetura de uma CPU está normalmente dividida em vários núcleos, sendo que cada núcleo é capaz de processar tarefas em paralelo. Isto aumenta a eficiência e a velocidade do sistema global, especialmente para programas optimizados para multithreading. O desempenho de uma CPU é determinado por vários factores, incluindo a sua frequência de relógio, que é medida em gigahertz (GHz), o número de núcleos, o tamanho da memória cache e a eficiência da sua arquitetura.

As CPU modernas também incluem unidades funcionais especiais, como processadores vectoriais ou unidades gráficas integradas, que são optimizadas para tarefas específicas, como a renderização de gráficos ou a aceleração da aprendizagem automática. Esta evolução reflecte a procura crescente de dispositivos multifuncionais que possam suportar tanto operações de computação potentes como processamento gráfico sofisticado.

A evolução da tecnologia de CPU ao longo dos anos levou a aumentos significativos no desempenho, o que, por sua vez, permitiu o desenvolvimento de software e aplicações que podem executar tarefas cada vez mais sofisticadas. Estes avanços têm desempenhado um papel fundamental na formação do mundo digital moderno, desde a expansão das possibilidades no domínio da inteligência artificial até à realização de simulações científicas complexas.

Apesar do seu papel central na tecnologia informática, o futuro das CPUs está a ser desafiado por tecnologias emergentes, como a computação quântica e unidades de processamento especializadas, como as unidades de processamento gráfico (GPUs) e as matrizes de portas programáveis em campo (FPGAs). Estas tecnologias oferecem vantagens de desempenho significativas para determinadas aplicações e poderão alterar fundamentalmente a forma como a capacidade de computação é utilizada no futuro.

Utilização de CPUs na IA

As CPUs são capazes de lidar com uma vasta gama de tarefas, especialmente as que requerem processamento sequencial. Isto torna-as ideais para as fases iniciais do

71

desenvolvimento de software, para a implementação de algoritmos que não dependem de um elevado paralelismo e para aplicações em que a ordem das operações é crítica. Além disso, as CPUs são facilmente acessíveis devido à sua presença universal em computadores e servidores, o que as torna uma escolha prática para muitas tarefas de desenvolvimento e computação.

Apesar desta versatilidade e acessibilidade, as CPUs têm desvantagens, especialmente quando comparadas com hardware especificamente concebido para cálculos de IA, como as GPUs (Unidades de Processamento Gráfico) e as TPUs (Unidades de Processamento Tensorial). Estes processadores especializados podem efetuar tarefas que exigem operações de computação altamente paralelas de forma muito mais eficiente. A IA e a aprendizagem automática (ML) são áreas que beneficiam particularmente deste tipo de capacidade de processamento paralelo, uma vez que permitem o processamento de grandes conjuntos de dados e a realização de cálculos complexos num período de tempo muito mais curto.

No entanto, as GPU, originalmente concebidas para computação gráfica, têm-se revelado particularmente úteis para acelerar as cargas de trabalho de IA e ML. Isto deve-se à sua capacidade de efetuar milhares de cálculos mais pequenos em simultâneo, o que as torna ideais para as operações matriciais e vectoriais que são comuns nestas aplicações. As TPU, que são ainda mais especializadas, foram especificamente concebidas para acelerar os cálculos tensoriais no contexto do TensorFlow da

72

Google, uma estrutura de aprendizagem automática amplamente utilizada. Oferecem uma eficiência ainda maior para certos cálculos de IA.

As limitações das CPUs em termos de computação de IA altamente paralela residem principalmente na sua arquitetura. Embora tenham sido concebidas para uma vasta gama de tarefas, não podem efetuar o mesmo número de operações em simultâneo que as GPUs ou TPUs. Isto leva a tempos de execução mais longos para tarefas que dependem fortemente do processamento paralelo, o que é o caso de muitas aplicações modernas de IA. Consequentemente, embora as CPUs desempenhem um papel importante no desenvolvimento e execução de programas de IA, especialmente em cenários em que não é necessário ou não está disponível hardware especializado, são frequentemente complementadas ou substituídas por GPUs ou TPUs quando se trata de escalar e acelerar os cálculos de IA.

GPUs (unidades de processamento gráfico)

As GPUs, ou processadores gráficos, registaram um desenvolvimento significativo que vai muito além das suas aplicações originais no processamento gráfico.

Originalmente desenvolvidas para acelerar a visualização de imagens e vídeos nos ecrãs, tornaram-se uma ferramenta indispensável para o treino de modelos de inteligência artificial (IA) e de aprendizagem automática (ML). Esta evolução foi possível graças às características únicas das GPU, em particular a sua arquitetura altamente paralela.

A principal força das GPUs reside na sua capacidade de processar milhares de threads em simultâneo, o que as torna extremamente poderosas para tarefas que requerem um processamento paralelo massivo. Esta caraterística torna-as ideais para treinar modelos de IA e ML que precisam de efetuar cálculos complexos em grandes conjuntos de dados. Ao contrário das CPUs, que são concebidas para processamento sequencial e têm um número limitado de núcleos para tarefas paralelas, as GPUs podem efetuar um número imenso de operações em simultâneo, reduzindo drasticamente o tempo de processamento de tarefas adequadas.

A formação de modelos de IA e ML é particularmente intensiva em termos de computação, uma vez que requer o ajuste repetido de parâmetros em grandes conjuntos de dados para otimizar o modelo. Este processo envolve uma enorme quantidade de operações matriciais e vectoriais, tarefas para as quais as GPUs são particularmente adequadas. Ao utilizar GPUs, os investigadores e programadores podem reduzir o tempo necessário para treinar modelos de semanas ou meses para dias ou mesmo horas, criando um ciclo de iteração mais rápido e a capacidade de explorar modelos mais complexos.

A utilização crescente de GPUs em IA e ML levou ao desenvolvimento de hardware especializado que é especificamente optimizado para este tipo de computação. Isto

inclui melhorias na arquitetura das GPU especificamente destinadas a maximizar o desempenho e a eficiência dos cálculos de IA. Além disso, a proliferação de
GPUs acelerou o crescimento de estruturas e bibliotecas
como TensorFlow, PyTorch e outras que simplificam a
programação para processamento paralelo e democrati-
zam o acesso aos recursos de GPU.

O papel transformador das GPUs no mundo da IA e do
ML é um exemplo claro de como a adaptabilidade e o
poder do hardware podem impulsionar o desenvolvimento de tecnologias. Ao fornecerem o poder de computação necessário para treinar modelos, as GPUs não só
aceleraram a investigação e o desenvolvimento nestes
domínios, como também abriram novas oportunidades
de inovação e aplicações que anteriormente pareciam
fora de alcance.

As GPUs são particularmente eficazes para operações
que são comuns na aprendizagem automática e na
aprendizagem profunda, como as multiplicações de matrizes. A sua capacidade de executar milhares de threads
em simultâneo torna-as uma escolha privilegiada para o
treino de redes neuronais complexas.

A aceleração significativa que as GPUs oferecem em relação às CPUs em tarefas de processamento paralelo
tornou-as uma ferramenta indispensável no domínio do
treino de modelos de IA. Esta aceleração deve-se às di-
ferenças arquitectónicas fundamentais entre os dois tipos de processadores. Enquanto as CPUs são concebidas
para uma vasta gama de tarefas e são capazes de

executar instruções complexas com um número relativamente pequeno de núcleos, as GPUs são especificamente concebidas para processar muitos segmentos paralelos. Isto permite que as GPUs executem milhares de operações em simultâneo, em comparação com as operações paralelas limitadas que uma CPU pode efetuar.

Esta capacidade de processamento paralelo maciço torna as GPUs particularmente adequadas para a formação de modelos de IA, o que exige operações computacionalmente intensivas em grandes conjuntos de dados. Ao treinar modelos de IA e ML, é frequentemente necessário efetuar milhões ou mesmo milhares de milhões de ajustes de parâmetros para melhorar a precisão do modelo. Cada um destes passos requer cálculos complexos que são distribuídos por todo o conjunto de dados. A capacidade de processamento paralelo das GPUs permite efetuar estes cálculos em simultâneo, o que reduz significativamente o tempo necessário para treinar um modelo.

Além disso, os desenvolvimentos na tecnologia GPU e a otimização do software e das estruturas para a aprendizagem automática tornaram as GPU ainda mais eficientes na execução destas tarefas especializadas. Os programadores e investigadores têm agora acesso a bibliotecas e quadros como CUDA (uma plataforma de computação paralela e um modelo de programação desenvolvidos pela NVIDIA), TensorFlow e PyTorch, que são especificamente concebidos para acelerar a computação em GPU. Estas ferramentas proporcionam um nível de abstração que permite utilizar eficazmente as complexas capacidades de processamento paralelo das GPU sem necessidade de um conhecimento aprofundado do hardware.

A importância das GPUs para o treino de modelos de IA reflecte-se também no rápido desenvolvimento de hardware especializado para cálculos de IA. Empresas como a NVIDIA e a AMD estão constantemente a desenvolver novos modelos de GPU especificamente concebidos para a aprendizagem automática e a otimização da IA para satisfazer as exigências da investigação e do desenvolvimento da IA moderna. Estes desenvolvimentos incluem não só melhorias na capacidade de computação, mas também na eficiência energética, o que é crucial para o treino de modelos cada vez mais complexos.

A combinação de hardware avançado, software especializado e a crescente disponibilidade de dados de treino de IA deu início a uma era em que os limites do que é possível com a aprendizagem automática estão constantemente a ser ultrapassados. As GPUs são um elemento fundamental que permite estes avanços, fornecendo a capacidade de computação necessária para treinar modelos complexos em prazos viáveis. Isto não só acelerou o desenvolvimento em áreas tradicionais da IA, como também permitiu aplicações inovadoras em áreas como a genómica, a modelação climática e o reconhecimento de padrões em grandes quantidades de dados.

TPUs (Unidades de Processamento Tensorial)

As unidades de processamento tensor (TPU) são um tipo de circuitos integrados de aplicação específica (ASIC) desenvolvidos pela Google especificamente para acelerar as aplicações de aprendizagem automática (ML) e de inteligência artificial (IA).

Estes chips representam um avanço significativo na tecnologia de hardware com o objetivo de melhorar significativamente a eficiência e a velocidade da formação e inferência de modelos de ML. As TPU são um excelente exemplo do desenvolvimento de hardware especializado concebido para satisfazer os requisitos específicos da computação de IA.

Uma das principais características das TPUs é a sua capacidade de efetuar um grande número de cálculos em paralelo, o que as torna particularmente eficientes no processamento de operações tensoriais. Os tensores são matrizes de dados multidimensionais que desempenham um papel central nos algoritmos de aprendizagem automática, especialmente nas redes neuronais profundas. Ao otimizar este tipo de computação, as TPUs podem treinar e executar modelos de aprendizagem automática mais rapidamente do que as GPUs e CPUs gerais, especialmente para aplicações baseadas na estrutura TensorFlow da Google, que foi especificamente adaptada para a utilização eficiente das TPUs.

A arquitetura de uma TPU foi concebida para atingir taxas de transferência elevadas para operações de ML com baixo consumo de energia. Esta eficiência torna as TPUs particularmente atractivas para utilização em centros de dados e ambientes de computação em nuvem, onde constituem a espinha dorsal da infraestrutura de ML da Google. As TPUs permitem treinar e inferir modelos complexos mais rapidamente, o que acelera o desenvolvimento e a implementação de aplicações de IA.

Outra vantagem das TPU é a sua capacidade de trabalhar com dados de precisão reduzida, o que significa que podem efetuar cálculos com uma precisão numérica inferior sem impacto significativo no desempenho ou na precisão do modelo final. Esta capacidade reduz os requisitos de memória e a carga computacional, resultando em cálculos mais rápidos e numa utilização mais eficiente dos recursos de hardware.

Desde a sua introdução, a Google desenvolveu várias gerações de TPUs, cada uma com melhorias em termos de velocidade, eficiência e funcionalidade. Estes desenvolvimentos reflectem a importância crescente do hardware especializado para aplicações de IA e sublinham o investimento da indústria tecnológica na investigação e desenvolvimento de soluções que continuam a ultrapassar os limites do que é possível com a IA.

Na prática, as TPU são utilizadas numa vasta gama de aplicações, desde o processamento da fala e o reconhecimento de imagens a sistemas de recomendação e ferramentas analíticas avançadas. A sua introdução conduziu a melhorias significativas na eficiência e acessibilidade das tecnologias de IA, fornecendo às empresas e aos programadores ferramentas poderosas para desenvolver e implementar soluções inovadoras.

As unidades de processamento tensorial (TPU) são conhecidas pela sua capacidade excecional de realizar, de forma rápida e eficiente, operações tensoriais que são fundamentais para a aprendizagem profunda e a aprendizagem automática. Estes chips especializados são concebidos para proporcionar um elevado rendimento com baixa latência, o que os torna particularmente vantajosos para a aplicação de modelos treinados (inferência) e o treino de modelos de aprendizagem profunda. A sua otimização para operações tensoriais permite que as TPUs efectuem cálculos comuns em algoritmos de aprendizagem profunda mais rapidamente do que os processadores convencionais, como CPUs e GPUs. Este facto tem um impacto significativo na eficiência e na velocidade das aplicações e dos serviços de IA.

Uma das principais vantagens das TPUs na fase de inferência é a sua capacidade de minimizar os tempos de resposta. Isto é particularmente importante para as aplicações interactivas em que os tempos de resposta rápidos são fundamentais para a experiência do utilizador, como no reconhecimento da fala, no reconhecimento de imagens e nos serviços de tradução em tempo real. A baixa latência das TPUs torna possível aplicar modelos complexos em tempo real, melhorando significativamente o desempenho e a capacidade de resposta de serviços como a Pesquisa Google, o Gmail e o Google Fotos.

As TPUs também oferecem vantagens sustentáveis ao treinar modelos de aprendizagem profunda. A sua arquitetura permite processar uma grande quantidade de dados em paralelo, o que reduz significativamente o tempo necessário para treinar modelos. Isto é inestimável num domínio caracterizado por ciclos de inovação rápidos e pela necessidade de treinar constantemente modelos maiores e mais complexos. A capacidade das TPU para trabalhar eficientemente com dados de precisão reduzida ajuda ainda a otimizar os recursos computacionais e permite aos investigadores e programadores iterar e escalar abordagens experimentais mais rapidamente.

Outra vantagem importante das TPUs é a sua eficiência energética. Quando se processam grandes conjuntos de dados ou se treinam modelos complexos, os custos de energia podem ser elevados. As TPUs são concebidas para fornecer maior capacidade de computação com menor consumo de energia, o que não só reduz os custos como também a pegada ambiental dos centros de dados. Esta eficiência torna as TPUs particularmente atractivas para utilização em ambientes de computação em nuvem, onde os recursos e o consumo de energia têm de ser cuidadosamente geridos.

De um modo geral, as TPUs tornaram-se um fator crítico na infraestrutura da Google, permitindo que os serviços e aplicações de IA acelerem e escalem de formas que não seriam possíveis com o hardware tradicional. O seu desenvolvimento reflecte a importância crescente do hardware especializado para a investigação e aplicação de IA e sublinha a necessidade de otimizar os recursos de computação para ultrapassar os limites do que é possível com a tecnologia.

FPGAs (matrizes de portas programáveis em campo)

Os FPGAs (Field-Programmable Gate Arrays) são um tipo especial de circuitos integrados que oferecem uma solução flexível e poderosa para uma variedade de aplicações.

Ao contrário dos circuitos integrados tradicionais, que são concebidos com uma função fixa durante o fabrico, os FPGA podem ser configurados pelo utilizador final ou pelo projetista após o fabrico. Esta flexibilidade permite que os FPGAs sejam personalizados para aplicações ou tarefas específicas, tornando-os uma ferramenta versátil na eletrónica e na engenharia informática.

A natureza programável dos FPGAs baseia-se numa matriz de blocos lógicos e numa variedade de ligações reconfiguráveis que permitem a criação de circuitos digitais complexos. Os utilizadores podem personalizar estes blocos lógicos e ligações carregando um ficheiro de configuração (frequentemente referido como um fluxo de bits) para realizar praticamente qualquer função lógica ou circuito digital desejado. Esta flexibilidade torna as FPGAs particularmente atractivas para a criação de protótipos, uma vez que permitem aos programadores iterar e personalizar rapidamente os projectos sem terem de fabricar novo hardware.

Outra vantagem dos FPGAs é a sua capacidade de processamento paralelo, o que os torna adequados para aplicações que requerem velocidades de processamento elevadas, como o processamento de sinais, a criptografia e até certos tipos de aprendizagem automática e tarefas de processamento de dados. Ao contrário das CPUs, que processam instruções sequencialmente, os FPGAs podem efetuar vários cálculos em simultâneo, o que pode acelerar significativamente determinados processos.

Além disso, os FPGAs oferecem vantagens em termos de eficiência energética e latência. Uma vez que os FPGA podem ser configurados especificamente para uma tarefa, é possível criar projectos muito eficientes que consomem menos energia do que os processadores gerais para a mesma tarefa. Do mesmo modo, a implementação direta de algoritmos ao nível do hardware pode reduzir a latência, o que pode ser crítico no processamento de dados em aplicações em tempo real.

Apesar destas vantagens, os FPGA têm também desvantagens, como a complexidade da programação e os custos iniciais. A conceção e a otimização de sistemas baseados em FPGA exigem conhecimentos e ferramentas especializados, o que pode aumentar os obstáculos à entrada no mercado. Além disso, os custos iniciais de hardware dos FPGAs são mais elevados do que os dos chips produzidos em massa, o que pode torná-los menos atractivos para os produtos do utilizador final.

No entanto, nos últimos anos, as FPGAs ganharam popularidade, especialmente nos sectores das telecomunicações, automóvel, defesa e aeroespacial, bem como nos centros de dados e na aceleração dos serviços de computação em nuvem. A sua capacidade de personalização e o seu desempenho fazem deles uma ferramenta importante para os projectistas e engenheiros que trabalham na vanguarda do desenvolvimento tecnológico.

A elevada flexibilidade e adaptabilidade dos FPGAs tornam-nos uma opção atractiva para aplicações de IA personalizadas, especialmente em cenários em que os requisitos de processamento têm de ser adaptados com precisão. Esta capacidade de afinação fina para tarefas específicas oferece vantagens significativas em termos de eficiência e desempenho dos sistemas de IA, especialmente quando comparada com soluções de computação mais generalizadas, como GPUs e TPUs.

Uma das principais vantagens dos FPGAs nas aplicações de IA é a sua eficiência energética. Os FPGAs podem ser configurados para efetuar apenas as operações necessárias para uma determinada tarefa, sem as despesas gerais típicas dos processadores generalizados. Esta adaptação direta à tarefa permite que os FPGA sejam altamente eficientes em termos energéticos, o que pode ser crítico em ambientes com restrições de energia ou em aplicações em que o consumo de energia é um fator crítico. Além disso, a capacidade de implementar algoritmos diretamente a nível do hardware permite uma maior redução do consumo de energia e uma melhoria do desempenho global.

A capacidade de personalização dos FPGAs é outra vantagem. Os programadores podem programar FPGAs para as necessidades exactas das suas aplicações de IA, o que significa que podem ser optimizados para tarefas específicas, como o treino de redes neuronais ou a realização de inferência. Esta especialização pode tornar os FPGAs mais eficientes em certos casos de utilização do que as GPUs ou TPUs, que são optimizadas para tarefas de processamento paralelo mas podem não atingir a mesma eficiência para operações específicas de IA.

Outro aspeto importante é a capacidade de os FPGA serem reconfigurados dinamicamente para suportar diferentes tarefas sem necessidade de intervenção física ou de substituição do hardware. Esta flexibilidade permite que o mesmo recurso FPGA seja utilizado para uma vasta gama de tarefas, amortizando os custos de investimento e aumentando a versatilidade do hardware.

Em certos cenários, as FPGAs podem também oferecer vantagens em termos de latência. Como podem ser optimizados para algoritmos específicos, permitem tempos de processamento potencialmente mais rápidos em comparação com as GPUs e TPUs, especialmente em aplicações que requerem processamento de dados em tempo real.

Apesar destas vantagens, a utilização de FPGAs apresenta alguns desafios, nomeadamente a complexidade da programação e a necessidade de conhecimentos especializados para explorar todas as suas capacidades. No entanto, para aplicações que exigem uma elevada eficiência energética, requisitos de processamento específicos ou a flexibilidade para se adaptarem dinamicamente a diferentes tarefas, os FPGAs oferecem uma solução poderosa e adaptável que os torna um recurso valioso no panorama do hardware de IA.

A evolução dos chips modernos para aplicações de IA

A evolução dos chips modernos para a inteligência artificial marca um período notável na história da tecnologia informática, caracterizado por uma adaptação constante às exigências e complexidades crescentes das aplicações de IA. Esta evolução reflecte a transição da utilização de unidades de computação de uso geral, como as CPU, para uma gama diversificada de processadores especializados, cada um deles adaptado a aspectos específicos da computação de IA. Esta especialização é uma resposta ao aumento exponencial da quantidade de dados e à complexidade crescente da computação necessária para modelos avançados de IA.

História do desenvolvimento de hardware especificamente para aplicações de IA.

A história do desenvolvimento de hardware especificamente para aplicações de IA está intimamente ligada aos avanços da própria inteligência artificial. Esta história de desenvolvimento reflecte não só o progresso tecnológico, mas também a necessidade crescente de hardware especializado para satisfazer os requisitos cada vez mais exigentes dos sistemas de IA.

Nos primórdios da investigação em IA, nas décadas de 1950 e 1960, a tónica era colocada principalmente nos fundamentos teóricos e algorítmicos, com o hardware disponível em grande parte limitado a computadores de uso geral. Estes primeiros computadores eram muito limitados na sua capacidade de computação e não foram especificamente concebidos para tarefas de IA. Apesar destas limitações, investigadores como Alan Turing e John McCarthy lançaram as bases para o que a IA poderia vir a ser, dando início a debates sobre a inteligência artificial e o potencial dos computadores para simular uma inteligência semelhante à humana.

No entanto, o verdadeiro ponto de viragem no desenvolvimento de hardware específico para IA ocorreu muito mais tarde, com o advento das unidades de processamento gráfico (GPU) na década de 1990. Embora as GPUs tenham sido originalmente desenvolvidas para acelerar aplicações gráficas em jogos de vídeo e meios de comunicação visuais, os investigadores depressa descobriram a sua capacidade para executar eficazmente tarefas de processamento de dados em paralelo. Esta descoberta foi particularmente relevante para a aprendizagem automática e a aprendizagem profunda, áreas da IA que beneficiam da capacidade de processar grandes quantidades de dados em simultâneo.

Com o lançamento da CUDA (Compute Unified Device Architecture) pela NVIDIA em 2007, tornou-se mais fácil para os investigadores utilizarem a capacidade de processamento paralelo das GPU para computação de uso geral (GPGPU - General-Purpose computing on Graphics Processing Units). Isto abriu caminho para a adoção em massa das GPU na investigação em IA, uma vez que aceleraram significativamente a formação de redes neurais profundas, a base de muitos sistemas modernos de IA.

A Google introduziu a próxima geração de hardware especializado em IA com o desenvolvimento das Unidades de Processamento Tensorial (TPU), que foram apresentadas ao público em 2016. As TPU foram concebidas de raiz para operações tensoriais altamente eficientes, que são essenciais para a aprendizagem automática e a aprendizagem profunda. A sua introdução marcou um avanço significativo na capacidade de treinar e utilizar modelos complexos de IA mais rapidamente e com maior eficiência energética.

Paralelamente, as matrizes de portas programáveis em campo (FPGA) estabeleceram-se como uma alternativa flexível para aplicações de IA personalizadas. A sua reconfigurabilidade permite que os programadores optimizem o hardware para tarefas específicas de IA, tornando as FPGAs particularmente valiosas para aplicações em que as GPUs ou TPUs normais não são ideais.

Os recentes desenvolvimentos no hardware de IA têm como objetivo fornecer soluções ainda mais especializadas e eficientes para a computação de IA. Estes incluem os chips neuromórficos, que tentam replicar a estrutura neuronal do cérebro humano para aumentar ainda mais a eficiência energética e a capacidade de computação, e

os computadores quânticos, que têm o potencial de revolucionar o panorama da IA através da sua capacidade
de resolver problemas complexos a velocidades anteriormente inimagináveis.

Esta evolução contínua do hardware de IA não só realça
o progresso tecnológico, como também a procura constante de sistemas de computação mais eficientes, potentes e adaptáveis para alargar os limites do que é possível
com a IA e abrir novos horizontes na investigação e aplicação da inteligência artificial.

**Especialização e otimização: das GPUs às TPUs e mais
além.**

A evolução do hardware de inteligência artificial é caracterizada por uma tendência contínua para a especialização e otimização, desde o desenvolvimento e proliferação de GPUs a TPUs e muito mais. Este movimento
reflecte a vontade de criar soluções de hardware que não
só respondam às crescentes exigências das cargas de trabalho de IA, como também maximizem a eficiência e o
desempenho destes sistemas.

A história começa com a constatação de que as unidades
de processamento gráfico (GPU) são excepcionalmente
adequadas para a aprendizagem automática e, em particular, para o treino de redes neuronais profundas, devido à sua capacidade de processamento paralelo. As
GPU, que foram originalmente desenvolvidas para aplicações gráficas intensivas, como os jogos de vídeo,

permitem a execução simultânea de milhares de cálculos. Esta capacidade provou ser crucial para acelerar as operações de IA que envolvem cálculos paralelos semelhantes

O aparecimento das unidades de processamento tensorial (TPU) levou a especialização do hardware de IA para o nível seguinte. Desenvolvidas pela Google e introduzidas pela primeira vez em 2016, as TPU são especificamente optimizadas para acelerar a IA e as cargas de trabalho de aprendizagem automática. Ao contrário das GPU, que são concebidas para uma vasta gama de cálculos paralelos, as TPU centram-se na execução eficiente de operações tensoriais, que são predominantes na aprendizagem profunda. Estes chips altamente especializados oferecem vantagens em termos de rendimento e eficiência energética para tarefas específicas de IA, especialmente na formação e inferência de modelos de IA.

O caminho da especialização e da otimização não termina com as TPUs. A indústria continua a explorar novas arquitecturas e tecnologias que podem lidar com os desafios das cargas de trabalho de IA de forma ainda mais eficiente. Estas incluem chips neuromórficos que imitam a forma como o cérebro humano funciona para permitir um processamento ainda mais eficiente das tarefas de IA, e computadores quânticos que têm o potencial de resolver certos tipos de problemas que são inacessíveis aos computadores tradicionais e mesmo aos mais avançados de hoje.

Os chips neuromórficos procuram reproduzir a eficiência e a adaptabilidade das redes neuronais do cérebro humano a nível do hardware e poderão anunciar uma nova era de eficiência energética e de capacidade de computação para aplicações de IA. Os computadores quânticos, embora ainda se encontrem numa fase relativamente precoce de desenvolvimento, poderão realizar avanços revolucionários em determinadas tarefas, como a otimização e a ciência dos materiais.

Estes desenvolvimentos sublinham uma busca contínua na tecnologia de IA: a procura de hardware cada vez mais especializado e optimizado, capaz de satisfazer eficazmente os requisitos complexos e de utilização intensiva de dados dos modernos sistemas de IA. Embora as GPUs e as TPUs representem marcos significativos ao longo do caminho, a inovação contínua nesta área aponta para um futuro em que o hardware de IA se tornará cada vez mais diversificado e personalizado para responder às necessidades e desafios específicos colocados pela próxima geração de algoritmos e aplicações de IA.

Embora a integração da inteligência artificial (IA) nos smartphones traga inúmeras vantagens e aplicações inovadoras, tanto os criadores como os utilizadores enfrentam vários desafios e limitações. Estes estão relacionados com aspectos técnicos, bem como com questões de ética, segurança e aceitação por parte dos utilizadores.

Estudos de caso: IA nos smartphones e chips associados

A integração da inteligência artificial nos smartphones deu origem a um grande número de aplicações que melhoram a experiência do utilizador de forma inovadora. Eis alguns exemplos (mais pormenorizados no capítulo "Os smartphones como plataforma para aplicações de IA"):

- Fotografia e processamento de imagens: os smartphones modernos utilizam a IA para revolucionar a fotografia.

- Assistentes pessoais: os assistentes pessoais controlados por voz, como a Siri, o Google Assistant e a Alexa, mudaram radicalmente a forma como as pessoas interagem com os seus smartphones.

- Monitorização da saúde: as aplicações de saúde suportadas por IA nos smartphones utilizam sensores e análise de dados para fornecer informações sobre a condição física do utilizador.

- Funções de segurança: A IA também melhora a segurança nos smartphones, nomeadamente através de métodos de autenticação biométrica, como o reconhecimento facial e os scanners de impressões digitais.

- Recomendações e conteúdos personalizados: A IA é utilizada para aprender as preferências dos utilizadores e oferecer conteúdos personalizados, como notícias, música ou recomendações de vídeos. Analisar os chips e o hardware subjacentes que permitem estas aplicações.

As aplicações de IA nos smartphones são possibilitadas por hardware avançado e tecnologia de chips concebidos especificamente para a execução eficiente de algoritmos de IA e de aprendizagem automática. Estas tecnologias incluem processadores especializados, chips de IA e sensores que trabalham em conjunto para fornecer a potência de computação, a eficiência energética e a funcionalidade necessárias para as aplicações modernas dos smartphones.

Processadores especializados

Os smartphones modernos contêm processadores principais (CPUs) potentes, concebidos para tarefas de computação gerais, e unidades de processamento gráfico (GPUs), que são particularmente adequadas para cálculos de IA devido às suas capacidades de processamento paralelo. Estes processadores podem efetuar um grande número de operações em simultâneo, o que os torna ideais para o processamento de modelos complexos de IA.

Chips de IA dedicados

A integração de chips de IA dedicados ou Unidades de Processamento Neural (NPUs) nos smartphones é um avanço significativo na tecnologia móvel que está a mudar fundamentalmente a forma como os dispositivos processam tarefas relacionadas com a IA. Estes chips especializados são concebidos para executar eficientemente algoritmos de aprendizagem automática e de aprendizagem profunda diretamente no smartphone, sem necessidade de uma ligação constante à nuvem. Este desenvolvimento torna possível executar aplicações de IA, como o reconhecimento de voz e imagem, a tradução em tempo real, a realidade aumentada (RA) e muito mais, diretamente no dispositivo.

As vantagens dos chips de IA dedicados são:

- Desempenho acelerado: ao otimizar os cálculos de IA, os chips de IA dedicados podem executar tarefas como o reconhecimento de imagens, o processamento de voz e outras aplicações de IA muito mais rapidamente do que os processadores convencionais. Isto leva a uma aceleração notável das aplicações que utilizam funções de IA e melhora a experiência do utilizador através de tempos de resposta mais rápidos.

- Maior eficiência energética: os chips de IA não são apenas mais rápidos, mas também mais eficientes em termos energéticos quando executam tarefas de IA. Ao minimizarem a energia necessária para os cálculos de IA, ajudam a prolongar a duração da bateria dos dispositivos. Isto é particularmente importante para aplicações que consomem muita energia, como assistentes de voz contínuos ou funções avançadas de câmara.

- Proteção de dados: a capacidade de processar tarefas relacionadas com a IA diretamente no dispositivo minimiza a necessidade de enviar dados pessoais para servidores externos ou para a nuvem para processamento. Isto reduz as preocupações com a privacidade e aumenta a segurança dos dados do utilizador, uma vez que as informações sensíveis não têm de sair do dispositivo.

Exemplos de chips de IA em smartphones

Motor Neural da Apple

O Neural Engine da Apple é uma parte integrante dos chips da série A que se encontram nos iPhones e noutros dispositivos Apple. Este hardware especializado em IA foi concebido para melhorar drasticamente a eficiência e o desempenho das operações de aprendizagem automática no dispositivo. Ao integrar o Neural Engine nos chips da série A, a Apple consegue oferecer funcionalidades avançadas que utilizam a aprendizagem profunda e a inteligência artificial diretamente no smartphone, sem depender de servidores externos.

Funções e aplicações:

- Reconhecimento facial através do Face ID: Talvez a aplicação mais conhecida do Neural Engine seja a tecnologia Face ID da Apple, que permite uma autenticação biométrica segura. O Face ID utiliza um mapa de profundidade detalhado do rosto do utilizador criado por aprendizagem automática para garantir um reconhecimento facial seguro e preciso. Esta tecnologia permite aos utilizadores desbloquear o seu dispositivo, autorizar pagamentos e aceder a aplicações sensíveis simplesmente olhando para a câmara. O Neural Engine processa estes dados com elevada velocidade e eficiência para garantir uma experiência de utilizador perfeita.

- Emojis animados (Animojis): Outro destaque é a capacidade de criar e utilizar Animojis. Os Animojis são emojis animados que captam e imitam as expressões faciais do utilizador em tempo real. O Neural Engine analisa mais de 50 músculos diferentes do rosto do utilizador para animar emojis que reflectem risos, carrancas, acenos de cabeça e outras expressões faciais em tempo real. Esta funcionalidade utiliza as capacidades avançadas de aprendizagem automática do Neural Engine para permitir uma nova forma de expressão digital.

- Funções de câmara melhoradas: As funções de câmara dos iPhones sofreram melhorias duradouras graças à utilização do Neural Engine. O motor suporta funcionalidades avançadas de processamento de imagem, como o Modo Retrato, que cria um efeito de profundidade ao focar o motivo enquanto desfoca o fundo. Também permite funcionalidades como o HDR inteligente, que funde várias fotografias numa única imagem com gama dinâmica e detalhes optimizados. Estes processos requerem cálculos intensivos de IA, que podem ser efectuados de forma eficiente no dispositivo graças ao Neural Engine.

A integração do Neural Engine nos chips da série A significa que as tarefas de processamento de IA podem ser executadas localmente no dispositivo e a uma velocidade excecional. Isto oferece várias vantagens, incluindo maior privacidade e segurança, uma vez que os dados não precisam de ser enviados para servidores externos. Além disso, o processamento eficiente resulta numa maior duração da bateria e num desempenho geral mais rápido do dispositivo. Com cada nova geração de chips da série A e o seu Neural Engine integrado, a Apple está a estabelecer novos padrões na tecnologia dos smartphones, expandindo ainda mais as possibilidades da aprendizagem automática e da inteligência artificial.

Unidade de Processamento Tensorial (TPU) da Google

A utilização da Unidade de Processamento Tensorial (TPU) pela Google nos smartphones Pixel é um exemplo notável de como o hardware de IA dedicado pode melhorar a funcionalidade e a experiência do utilizador dos dispositivos móveis. Originalmente desenvolvida para utilização em centros de dados para aumentar o desempenho de aplicações de aprendizagem automática e de IA, a Google adaptou a tecnologia TPU para a integrar nos seus smartphones Pixel. Esta adaptação permite que os dispositivos executem processos sofisticados de IA e de aprendizagem automática diretamente no dispositivo, sem necessidade de uma ligação constante a recursos de computação baseados na nuvem.

- Funções de câmara melhoradas: Uma das características mais marcantes dos smartphones Pixel é a sua câmara. A integração da TPU torna possível executar algoritmos avançados de processamento de imagem diretamente no dispositivo. Isto leva a funcionalidades como o modo Visão nocturna, que permite tirar fotografias impressionantes em condições de pouca luz sem flash, utilizando algoritmos baseados em IA para melhorar o brilho e a qualidade da imagem. Outras funcionalidades da câmara que beneficiam da TPU incluem o Modo Retrato, que cria um efeito bokeh focando o motivo e desfocando o fundo, e o HDR+, que melhora a gama dinâmica e o detalhe das fotografias.
- Processamento de voz: a TPU também melhora as capacidades de processamento de voz dos smartphones Pixel. Isto inclui o reconhecimento de voz, que é fundamental para funcionalidades como o Assistente Google, bem como a capacidade de processar comandos de voz de forma rápida e precisa. O processamento no dispositivo permite um tempo de resposta mais rápido do Assistente e aumenta a privacidade ao reduzir a quantidade de dados que têm de ser enviados para a nuvem para processamento.

- Experiência de utilizador personalizada: Além disso, a TPU permite experiências de utilização personalizadas, adaptando e optimizando o dispositivo com base no comportamento e nas preferências do utilizador. Isto pode ir desde a personalização de notificações e sugestões até à otimização da duração da bateria, aprendendo quais as aplicações e serviços mais utilizados e a melhor forma de poupar energia.
- Proteção e segurança dos dados: uma das principais vantagens do processamento de tarefas de IA diretamente no dispositivo é a melhoria da proteção e segurança dos dados. Ao processar e armazenar dados pessoais, como fotografias, gravações de voz e comportamento do utilizador no dispositivo, reduz-se o risco de estas informações sensíveis serem comprometidas.

A integração da Unidade de Processamento Tensor nos smartphones Pixel mostra como os chips de IA dedicados podem não só melhorar o desempenho e a eficiência dos dispositivos móveis, mas também permitir funções e aplicações completamente novas que enriquecem a experiência do utilizador. Com os seus smartphones Pixel, a Google está a definir um padrão para a utilização da IA em dispositivos móveis, combinando hardware potente com software inovador para obter resultados impressionantes.

O chipset Kirin da Huawei com NPU

Ao integrar Unidades de Processamento Neural (NPU) dedicadas nos seus chipsets Kirin, a Huawei estabeleceu-se como pioneira na utilização de hardware especializado em IA nos smartphones.

Esta decisão estratégica permite que os dispositivos Huawei executem tarefas sofisticadas baseadas em IA diretamente no smartphone com uma eficiência e velocidade que anteriormente não era possível. Ao otimizar os chipsets Kirin para aplicações de IA, a Huawei oferece aos utilizadores funcionalidades melhoradas e um melhor desempenho global, especialmente nas áreas da câmara, tradução de voz e gestão de energia.

- Funções de câmara controladas por IA: Uma das vantagens mais notáveis da NPU nos chipsets Kirin da Huawei é a melhoria das funções da câmara. O reconhecimento de cenas, possibilitado pela aprendizagem automática, pode identificar diferentes objectos e cenários - como paisagens, retratos, animais ou alimentos - e ajustar automaticamente as definições da câmara para obter a melhor fotografia possível. Isto inclui ajustes como a exposição, a saturação e até a aplicação de filtros específicos para melhorar visualmente a fotografia. A capacidade de ajustar as definições em tempo real com base no que a câmara "vê" está a revolucionar a fotografia

móvel, permitindo que até os fotógrafos amado-
res tirem fotografias com aspeto profissional.

- Traduções de idiomas em tempo real: A NPU
  também contribui para a capacidade dos dispositivos Huawei de efectuarem traduções de idiomas em tempo real. Esta funcionalidade é particularmente útil para viajantes e empresários que
  precisam de comunicar em países estrangeiros
  sem conhecer a língua. O processamento no dispositivo não só garante uma tradução rápida e
  fluida, como também melhora a privacidade,
  uma vez que os dados de voz não precisam de
  ser enviados para servidores externos.
- Otimização do consumo de energia: outra
  grande vantagem da integração de uma NPU no
  chipset Kirin é a otimização do consumo de energia. Os algoritmos de IA podem aprender o comportamento do utilizador e prever que aplicações
  e funções são utilizadas com mais frequência
  para adaptar as estratégias de gestão de energia.
  Isto pode ser feito, por exemplo, desligando as
  aplicações ou funções raramente utilizadas para
  prolongar a vida útil da bateria. A capacidade de
  gerir de forma inteligente o consumo de energia
  é particularmente importante numa altura em
  que o tempo de ecrã e a utilização de dados móveis estão a aumentar constantemente.

A integração pela Huawei de uma NPU dedicada nos
chipsets Kirin demonstra o empenho da empresa em

ultrapassar os limites da tecnologia móvel e em fornecer aos utilizadores poderosas funcionalidades alimentadas por IA. Ao localizar o processamento de IA no dispositivo, os chipsets Kirin não só melhoram a velocidade e a eficiência das tarefas de IA, como também contribuem para a segurança dos dados e a eficiência energética. Estes desenvolvimentos sublinham a importância crescente do hardware especializado em IA na evolução da tecnologia dos smartphones e estabelecem novos padrões para o que se espera dos dispositivos móveis.

De um modo geral, a integração de chips de IA dedicados nos smartphones é um sinal claro de como a IA está a transformar a tecnologia móvel. Não só permite funcionalidades novas e melhoradas que enriquecem a experiência do utilizador, como também responde a preocupações importantes, como a privacidade dos dados e a eficiência energética. À medida que a tecnologia de IA continua a desenvolver-se, espera-se que as futuras gerações de smartphones integrem chips de IA ainda mais potentes e especializados, abrindo novas possibilidades para aplicações e serviços móveis.

Sensores e outros componentes de hardware

Para além dos processadores e dos chips de IA, os sensores desempenham um papel crucial na viabilização das aplicações de IA nos smartphones. As câmaras, os microfones, os acelerómetros, os giroscópios e outros sensores captam uma variedade de dados que servem de entrada para os algoritmos de IA. Estes sensores permitem funções como o reconhecimento facial, assistentes de voz, monitorização da saúde e informações contextuais através da recolha contínua de informações sobre o ambiente e o utilizador.

Optimizações a nível do software

Para explorar plenamente o desempenho do hardware, os fabricantes e os programadores de smartphones estão também a trabalhar em optimizações de software, tais como estruturas de aprendizagem automática e integrações de sistemas operativos especificamente adaptadas ao hardware. Estas ferramentas e bibliotecas de software permitem aos programadores implementar e utilizar as funções de IA de forma eficiente, simplificando a comunicação entre o software da aplicação e o hardware.

A combinação de processadores especializados, chips de IA dedicados, sensores avançados e optimizações de software constituem a base para as aplicações avançadas de IA que se encontram nos smartphones modernos. Estes avanços tecnológicos permitem que os smartphones assumam tarefas cada vez mais complexas e proporcionem aos utilizadores uma experiência mais rica e sem descontinuidades. À medida que o hardware continua a melhorar, podemos esperar ver ainda mais funcionalidades e aplicações inovadoras baseadas na IA que têm o potencial de mudar fundamentalmente a forma como interagimos com os dispositivos móveis.

Tendências e inovações futuras

O futuro desenvolvimento dos chips de IA e o seu impacto nas tecnologias dos smartphones promete alargar os limites do que os dispositivos móveis podem fazer. Espera-se que este desenvolvimento seja caracterizado por uma série de tendências e inovações que não só melhorarão o desempenho e a eficiência, como também abrirão novas aplicações para a IA no mundo móvel.

Maior desenvolvimento de chips especializados em IA

A tónica nos chips de IA eficientes em termos energéticos e de elevado desempenho continuará, uma vez que os fabricantes de chips se esforçam por aumentar a capacidade de computação, minimizando o consumo de energia. Podemos esperar uma integração cada vez maior de chips de IA que são ainda mais bem adaptados a cargas de trabalho específicas de IA e de aprendizagem automática. Este desenvolvimento permitirá que os smartphones executem modelos de IA ainda mais complexos diretamente no dispositivo, resultando em experiências de utilizador mais rápidas e personalizadas sem comprometer a privacidade.

Melhorar a eficiência energética

Dada a bateria limitada dos smartphones, a otimização da eficiência energética dos chips de IA continuará a ser uma preocupação fundamental. Os avanços na tecnologia dos chips, como a utilização de processos de fabrico mais avançados e de arquitecturas especificamente concebidas para um baixo consumo de energia, ajudarão a prolongar a duração da bateria, ao mesmo tempo que suportam potentes capacidades de IA.

Integração da IA em todos os aspectos da tecnologia dos smartphones

A integração de chips de IA nos smartphones marca um ponto de viragem na evolução das tecnologias móveis. Este desenvolvimento promete não só melhorar as funções existentes, mas também introduzir possibilidades completamente novas que podem alterar fundamentalmente a experiência do utilizador. Os chips de IA fornecem o poder de computação necessário diretamente no dispositivo para executar algoritmos complexos de forma eficiente, sem ter de depender de uma ligação a servidores externos. Isto abre um mundo de possibilidades para os fabricantes de smartphones e os programadores de aplicações implementarem funções inovadoras que anteriormente eram impossíveis de realizar.

- Interface de utilizador e controlo por gestos melhorados: com os chips de IA, os smartphones podem aprender e adaptar-se às preferências e hábitos dos seus utilizadores para criar uma interface de utilizador personalizada e intuitiva. Isto pode significar que as aplicações e as definições são automaticamente ajustadas com base no contexto e na hora do dia para otimizar a experiência do utilizador. Do mesmo modo, a IA poderá melhorar o controlo por gestos, interpretando com maior precisão as intenções do utilizador, permitindo uma interação mais suave com o dispositivo.

- Funções de segurança avançadas: Os chips de IA reforçam as características de segurança dos smartphones através de uma análise mais precisa dos dados biométricos, melhorando a precisão do reconhecimento de características como o reconhecimento facial e os scanners de impressões digitais. Além disso, os sistemas de segurança alimentados por IA podem reconhecer actividades invulgares ou suspeitas no dispositivo e tomar medidas proactivas para evitar violações de dados.
- Gestão adaptativa da energia: ao analisar os dados e os padrões de utilização, a IA pode revolucionar a gestão da energia dos smartphones. Os chips de IA permitem que o dispositivo optimize o consumo de energia, adaptando o desempenho das aplicações e funções com base na utilização real. Isto pode significar uma maior duração da bateria e processos de carregamento mais eficientes, aumentando a satisfação geral dos utilizadores com o seu dispositivo.
- Conectividade melhorada e integração de ecossistemas: os chips de IA podem também mudar a forma como os smartphones interagem com

outros dispositivos e serviços. Ao processarem os dados em tempo real, os smartphones com IA podem proporcionar uma conetividade e uma interação mais fluidas com uma vasta gama de dispositivos, tais como sistemas domésticos inteligentes, veículos e dispositivos portáteis. Isto não só melhoraria a experiência do utilizador no âmbito do ecossistema conectado, como também abriria novas oportunidades de automatização e personalização para além das fronteiras dos dispositivos.

A computação periférica e o papel da nuvem

A passagem das aplicações de IA dos servidores centralizados em nuvem para o processamento descentralizado diretamente nos dispositivos finais, conhecida como IA no limite ou IA no limite, marca um desenvolvimento transformador na futura implementação e utilização das tecnologias de IA. Este movimento aproxima os algoritmos de IA da fonte de recolha de dados - ou seja, diretamente nos smartphones, dispositivos IoT e outros dispositivos periféricos - e é impulsionado por uma combinação de factores tecnológicos, de segurança e práticos.

Um dos principais motores deste desenvolvimento é o progresso significativo na tecnologia de semicondutores, que conduziu a processadores mais potentes e energeticamente eficientes. Estes processadores são capazes de processar algoritmos complexos de IA localmente no dispositivo, sem necessidade de ligação a servidores remotos na nuvem. Os chips de IA especializados que estão integrados nos modernos smartphones e dispositivos periféricos permitem um processamento de dados rápido e eficiente diretamente na fonte dos dados.

Outro fator decisivo na mudança para a IA de ponta é a crescente sensibilização para a proteção e segurança dos dados. Ao processar os dados diretamente no dispositivo, as informações pessoais permanecem protegidas e o risco de violações de dados devido à transmissão de dados sensíveis através da Internet é minimizado. Isto reforça a confiança dos utilizadores na tecnologia e promove a sua aceitação.

A redução da latência é outra vantagem significativa da IA de ponta. Ao eliminar a necessidade de enviar dados para um servidor remoto para análise e esperar por uma resposta, os dispositivos periféricos podem reagir em tempo real. Isto é particularmente importante para aplicações que requerem decisões rápidas, como veículos autónomos ou dispositivos de monitorização médica.

A IA de ponta também melhora a disponibilidade das aplicações de IA, uma vez que os dispositivos podem funcionar independentemente de uma ligação à Internet. Isto alarga as utilizações possíveis da IA em áreas com fraca cobertura de rede ou em situações em que não é possível estabelecer uma ligação de forma fiável.

Apesar destas numerosas vantagens, os criadores e os utilizadores continuam a enfrentar desafios. Os recursos limitados dos dispositivos periféricos em termos de potência de computação, memória e capacidade energética são limitações que têm de ser ultrapassadas. Além disso, a gestão e manutenção de modelos de IA numa variedade de dispositivos distribuídos exige um esforço significativo para garantir a coerência e a segurança. Por último, a otimização dos modelos de IA para funcionamento em hardware com recursos limitados exige conhecimentos especializados e ferramentas de desenvolvimento adaptadas.

Globalmente, a IA na periferia representa uma mudança de paradigma que está a redefinir a forma como os dispositivos processam e respondem aos dados. Este desenvolvimento promete dar início a uma era de aplicações inteligentes, autónomas e respeitadoras da privacidade que têm o potencial de alterar fundamentalmente a forma como compreendemos e interagimos com a tecnologia. Apesar dos desafios existentes, os benefícios da IA de ponta são claros e a sua integração contínua nos dispositivos do quotidiano continuará a abrir novas e inovadoras possibilidades de aplicação.

Novos materiais e técnicas de produção

A investigação no domínio da inteligência artificial e do hardware associado está a desenvolver-se rapidamente e envolve muito mais do que apenas a otimização das arquitecturas de chips existentes. Um dos principais focos de investigação é o desenvolvimento de novos materiais e técnicas de fabrico que têm o potencial de revolucionar a próxima geração de chips de IA. Estas inovações têm como objetivo criar chips que não só sejam superiores em termos de velocidade e capacidade de processamento, mas que também estabeleçam novos padrões em termos de dimensão e eficiência energética.

A investigação de novos materiais desempenha um papel fundamental na superação das limitações físicas dos semicondutores à base de silício, que constituíram a base da tecnologia de circuitos integrados durante décadas. Materiais como o grafeno ou o bissulfureto de molibdénio (MoS2) estão no centro das atenções, uma vez que possuem propriedades electrónicas, térmicas e mecânicas excepcionais que os tornam potencialmente superiores. Estes materiais poderão constituir a base para chips mais finos, mais flexíveis e mais eficientes em termos energéticos, mantendo o mesmo desempenho.

Paralelamente às inovações materiais, estão também a ser feitos progressos significativos na tecnologia de produção. O desenvolvimento de novos métodos, como a integração 3D, em que várias camadas de chips são empilhadas umas sobre as outras, permite que os transístores sejam embalados de forma muito mais densa. Isto não só conduz a um aumento do desempenho e da eficiência, como também permite a produção de dispositivos mais pequenos e mais leves. Além disso, a utilização de litografia ultravioleta extrema (EUV) promete a produção de estruturas numa escala ainda mais pequena, permitindo uma maior miniaturização e um melhor desempenho dos chips.

Outra área de investigação interessante que está a alargar os limites da tecnologia tradicional de chips é a computação quântica. Embora os computadores quânticos ainda estejam a dar os primeiros passos e a sua aplicação direta em dispositivos do dia a dia ainda esteja longe, os princípios básicos da computação quântica poderão abrir novas vias para a arquitetura dos chips de IA. Os bits quânticos, ou qubits, oferecem a possibilidade de efetuar cálculos de uma forma que não é possível com os bits convencionais e poderão um dia conduzir a um aumento exponencial da capacidade de processamento.

Apesar do enorme potencial destas inovações, os investigadores e engenheiros enfrentam desafios consideráveis. A integração de novos materiais e técnicas de fabrico na produção em massa exige uma investigação e desenvolvimento extensivos, bem como o investimento em novas instalações e processos de produção. Além disso, devem ser abordadas questões de compatibilidade, fiabilidade e rentabilidade.

No entanto, os avanços no desenvolvimento de novos materiais, técnicas de fabrico e modelos teóricos, como a computação quântica, apontam para um futuro promissor. Poderão conduzir a chips de IA que não só são mais potentes e eficientes em termos energéticos, como também abrem novos factores de forma e possibilidades de aplicação. Estes desenvolvimentos poderão alterar fundamentalmente a forma como interagimos com a tecnologia e dela beneficiamos, dando início a uma nova era de inovação digital.

O futuro desenvolvimento dos chips de IA promete, por conseguinte, expandir significativamente as capacidades dos smartphones, permitindo dispositivos mais potentes, eficientes e inteligentes. Estes avanços não só melhorarão as especificações técnicas dos smartphones, como também abrirão novas possibilidades para a aplicação da IA na nossa vida quotidiana, continuando a mudar e a melhorar a forma como interagimos com a tecnologia.

Desafios no desenvolvimento futuro de chips com IA para smartphones

O desenvolvimento de chips com IA para smartphones está no centro da inovação tecnológica, mas também coloca desafios específicos. Estes vão desde as limitações técnicas às preocupações com a privacidade e às questões de sustentabilidade. Uma discussão sobre estes desafios lança luz sobre a complexidade dos bastidores da indústria dos smartphones e oferece perspectivas sobre o futuro da IA móvel.

- Eficiência energética vs. desempenho: Um dos maiores dilemas no desenvolvimento de chips de IA para smartphones é o equilíbrio entre desempenho e consumo de energia. As aplicações de IA requerem um poder de computação significativo, o que está em conflito direto com o

114

objetivo de eficiência energética para prolongar a duração da bateria. O desenvolvimento de chips que sejam simultaneamente potentes e eficientes em termos energéticos continua a ser um desafio fundamental.

- Miniaturização: A miniaturização em curso das tecnologias de pastilhas está a atingir limites físicos em termos de densidade de empacotamento dos transístores e da dissipação de calor associada. Estas limitações exigem abordagens inovadoras na arquitetura das pastilhas e nos processos de fabrico para aumentar ainda mais o desempenho sem aumentar a dimensão do dispositivo ou gerar calor excessivo.
- Custo: O desenvolvimento e a produção de chips de IA avançada são dispendiosos. Estes custos podem afetar o preço dos smartphones, limitando potencialmente a acessibilidade e a penetração no mercado das funcionalidades avançadas de IA.
- Proteção de dados: Com o crescente processamento de dados pessoais diretamente no dispositivo por chips de IA, as preocupações com a proteção de dados também estão a aumentar. Garantir a proteção destes dados contra o acesso não autorizado constitui um desafio considerável.
- Segurança: A complexidade dos chips de IA e os algoritmos que neles são executados aumentam o risco de vulnerabilidades de segurança que

podem ser exploradas por actores maliciosos. Garantir a segurança destes chips contra ataques é crucial para a proteção dos dados dos utilizadores e a integridade dos dispositivos.

- Consumo de recursos: A produção de chips avançados de IA exige quantidades significativas de materiais e recursos raros, cuja extração e transformação podem suscitar preocupações ambientais e sociopolíticas.

- Resíduos e reciclagem: Com o rápido progresso tecnológico e o consequente ciclo de actualizações e substituições de dispositivos antigos, surgem desafios no que respeita aos resíduos electrónicos e à reciclagem de materiais valiosos.

A superação destes desafios exige uma combinação de investigação e desenvolvimento contínuos, colaboração interdisciplinar e um compromisso com as normas éticas e a sustentabilidade. Embora as inovações tecnológicas possam fornecer soluções para alguns destes problemas, outros desafios exigem um cuidadoso processo de equilíbrio entre os benefícios das aplicações de IA e o potencial impacto na privacidade, na segurança e no ambiente. O futuro dos chips com IA nos smartphones será, por conseguinte, caracterizado não só pelos - quase inevitáveis - avanços tecnológicos, mas também pela capacidade da indústria para agir de forma responsável e em conformidade com os valores sociais.

Podemos estar na véspera de avanços tecnológicos significativos possibilitados pela IA. Desde a medicina,

116

onde a IA pode fornecer diagnósticos mais precisos e planos de tratamento personalizados, à ciência ambiental, onde pode desempenhar um papel na monitorização e no combate às alterações climáticas, as aplicações são diversas. Na indústria, a automatização através da IA poderá conduzir a processos de produção mais eficientes, enquanto na educação poderão ser criadas experiências de aprendizagem personalizadas para cada aluno.

A introdução de novas tecnologias de IA é suscetível de provocar mudanças económicas e sociais significativas. Embora algumas profissões possam ser substituídas pela automatização, poderão surgir novos empregos que exijam competências especializadas. Esta mudança poderá conduzir a uma redistribuição da mão de obra e aumentar a necessidade de reconversão e melhoria das competências. Ao mesmo tempo, a IA poderá ajudar a enfrentar os desafios sociais, por exemplo, melhorando o acesso aos cuidados de saúde e à educação.

A presença crescente da IA levanta também questões éticas e morais duradouras. Questões como a tomada de decisões por algoritmos, a privacidade dos dados e a potencial perda de interação humana exigem uma análise cuidadosa. Será necessário desenvolver quadros éticos que garantam que a IA é utilizada para o benefício de todos e não conduz a um aumento das desigualdades.

A regulamentação da IA desempenhará um papel crucial na procura de uma abordagem equilibrada entre a promoção da inovação e a proteção da sociedade contra riscos potenciais. O desenvolvimento de normas e directrizes internacionais poderá ajudar a maximizar os aspectos positivos da IA e a minimizar as consequências indesejáveis.

A reflexão sobre o futuro da IA apresenta um quadro cheio de potencialidades e desafios. A chave do sucesso reside numa abordagem equilibrada que tenha em conta os avanços tecnológicos, as considerações éticas, os valores sociais e as condições económicas. Em última análise, é nossa responsabilidade partilhada moldar o desenvolvimento e a aplicação das tecnologias de IA de forma a que contribuam para o maior benefício possível para a sociedade no seu conjunto.